中国排球协会裁判委员会指定用书

排球裁判员手册

刘　江　主编

北京体育大学出版社

策划编辑：秦德斌
责任编辑：秦德斌
责任校对：成昱臻
版式设计：博文宏图

图书在版编目（CIP）数据

排球裁判员手册 / 刘江主编. — 北京：北京体育大学出版社, 2017.12（2022.9重印）

ISBN 978-7-5644-2816-7

Ⅰ. ①排… Ⅱ. ①刘… Ⅲ. ①排球运动－裁判法－手册 Ⅳ. ①G842.4-62

中国版本图书馆CIP数据核字(2017)第319108号

排球裁判员手册 **刘　江　主编**

出版发行：北京体育大学出版社
地　　址：北京海淀区农大南路1号院2号楼2层办公B-212
邮　　编：100084
网　　址：http://cbs.bsu.edu.cn
发 行 部：010-62989320
邮 购 部：北京体育大学出版社读者服务部 010-62989432
印　　刷：北京昌联印刷有限公司
开　　本：710mm × 1000mm　　1/16
成品尺寸：170mm × 240mm
印　　张：11
字　　数：194千字
版　　次：2017年12月第1版
印　　次：2022年9月第6次印刷
定　　价：35.00元

本书编委会

主　任： 张蓉芳

副主任： 蔡　毅

主　编： 刘　江

副主编： 骆文棽　陈星飚

编　委： 魏胜凡　黄　锋　孙剑辉

孙国民　李　琛

作者简介

刘 江 国际级裁判员，中国排球协会委员，西南交通大学体育部副部长。2007 年至今，担任中国排球协会裁判委员会委员，中国排球协会首届裁判员讲师，2008、2010、2012 三届排球国家裁判考核班考官。中国大学生排球协会裁判委员会主任，四川省排球裁判委员会主任，成都市排协副主席。曾担任第 26 届世界大学生运动会裁判长；多次担任奥运会、世界锦标赛、世界杯等排球比赛的裁判工作，特别出色地完成了 2008 年北京奥运会揭幕战、2012 年世界俱乐部锦标赛男排冠亚军决赛、广州亚运会冠亚军决赛第 1 裁判员工作；到荷兰、德国、俄罗斯、意大利等国参与世界男排联赛工作；多年担任国内排球大奖赛、锦标赛、青年联赛裁判长工作，四次担任全运会冠亚军决赛第 1 裁判员工作，2004 ~ 2017 年共 14 届全国排球联赛冠亚军决赛第 1 裁判员工作。

骆文琴 国际级裁判员，中国排球协会委员，浙江大学体育与艺术部教师。2007 年至今，担任中国排球协会裁判委员会委员，中国排球协会首届裁判员讲师；担任 2008、2010、2012 三届排球国家裁判考

核班考官；浙江省排球裁判委员会主任。1994 年开始担任全国锦标赛裁判工作，曾经多次担任决赛的第 1 裁判员。1996 年开始参加全国排球联赛裁判工作，多次担任联赛冠亚军决赛的第 1 裁判员和第 2 裁判员。担任过两届全运会和城运会的冠亚军裁判员。2004 年开始参加亚洲少年、青年及成年锦标赛的裁判工作；2008 年参加世界女排大奖赛的裁判工作；2009 年至今，参加了每年的世界男排联赛的裁判工作；2011 年参加世界青年锦标赛，并担任决赛的第 1 裁判员；2012 年担任伦敦奥运会世界组资格赛裁判员；先后参加过四次世界大学生运动会排球比赛的裁判工作。

陈星飚 国际级裁判员，北京市排球协会裁判委员会主任，中国国家男排科研教练，北京交通大学体育部教师。从 2005 年至今一直参与排球项目的训练、竞赛和裁判工作，参加了 2008 年北京奥运会、2009 年东亚运动会、2010 年广州亚运会、2011 年深圳世界大运会，以及世界男排联赛、世界女排大奖赛、亚洲杯等赛事的工作。从 2005 年至今多次担任国际、国内各级排球比赛的裁判工作。其中包括 2008 ~ 2013 年国内排球联赛，以及男女排决赛，2011 年深圳世界大学生运动会男排决赛，2012 年男排亚洲杯比赛的裁判工作。2008 年至今一直在北京交通大学从事大学排球队的训练工作，带领北京交通大学男排获得：2010 年全国大学生男排联赛专业组亚军，2011 年全国大学生男排超级联赛冠军，2013 年俄罗斯喀山世界大学生运动会中国大学生男排选拔赛冠军。任喀山世界大学生运动会中国大学生男排主教练。

序

“风清气正，品德优秀，业务精湛，能打硬仗。”这是中国排球协会裁判委员会对全体裁判员的要求和期望。目前，中国排球界已经有了一支具有执法世界大赛、国内各级高水平赛事能力的裁判员队伍。其中，国际排联级、国际级、国家排协级等高水平裁判员共25人，占全国注册裁判员的12.9%；能执哨国内全运会、联赛、大奖赛、城运会的国家A级裁判员共30人，占全国注册裁判员的12%；能执哨其他比赛的国家B级裁判员共171人，占全国注册裁判员的75.1%。

“力厚者胜，心强者胜，智高者胜。”要成为一名优秀的裁判员，必须做到“力厚”“心强”“智高”。“力厚”就是实力、水平、功底、底气、能力要厚实，这需要裁判员对规则的不断学习，加深理解，要注重实践的积累和相互交流学习，还要观摩高水平裁判员的执哨情况，虚心求教，用心、上心。“心强”是心理素质的体现，是裁判员在执哨过程中排除干扰的能力、调剂的能力、自我控制的能力、控管全场的能力，必须在气质上表现出一位裁判员的威严，以规范的哨音、手势、站姿等震慑全场。“智高”是智商、情商的综合能力强大，能够迅速、灵活、正确地协调处理疑难问题。执裁是一门艺术，是一种水平，体现的是一种大局观、全局观和敏锐性。

裁判员扮演着不同角色，是执法者，也是推广者，还是宣传者。要让观众在观看比赛的同时能享受到排球带来的快乐，这不单是运动员、教练员的事，同时也是裁判员执哨能力、水平和艺术的体现。

本书以国际排球联合会（简称“国际排联”）2017—2021年版规则和规则解释为基础，汲取了诸多国内高水平裁判员的实践经验和知识精华，规则概念准确、裁判法逻辑清晰、程序全面规范。本书分上下两篇，上篇“排球裁判100问”主要介绍排球的基本规则、基本裁判法、基本程序；下篇“排球裁判专题讲座”讲述了排球裁判规则和裁判法的重点和要点，是排球裁判员及排球教练员、排球工作者必备的专业参考书。

中国排球协会裁判委员会主席

2018年1月1日

前言

《排球裁判员手册》是由中国排球协会裁判委员会委员和现役国际级裁判员编写的一本排球裁判知识方面的书籍。现代排球运动的特点，是比赛速度加快且对抗激烈。裁判员是执法者、新技术的引导者、排球运动的宣传者、排球市场的推广者，裁判员在执法中要善于审时度势，依据规则，行使职权，符合实际，有法必依，相互配合，各司其职，严格赛纪，合情合理。排球裁判方面的专业书籍是近十年以来的一项空白，笔者作为排球裁判工作者，特组织编写了此书。

本书有以下几个特点：系统性、全面性、科学性和实践性。本书以2017—2020年排球竞赛规则和裁判指南为基础，内容新颖、由浅入深、全面实用，而且新规则部分翻译准确，是排球裁判员、排球教练员、排球工作者必备的有关裁判知识的书籍。

《排球裁判员手册》一书由以下同志编写。

刘江：排球裁判100问第37～100问；专题讲座三，司线员的旗示、站位和判断；专题讲座六，裁判员工作程序；专题讲座七，裁判员相互之间的配合；专题讲座八，网上球的判断；专题讲座九，国际排联2017～2020排球竞赛规则修订。

骆文梦：专题讲座四，排球比赛的记录工作。

陈星飚：排球裁判100问第1～36问。

孙国民：专题讲座一，排球裁判员应具备的素质和职业道德。

李琛：专题讲座二，裁判员的哨音、手势、站位；专题讲座五，比赛管理工作等。

本书在编写过程中，得到了国家体育总局排球运动管理中心领导和竞赛部的大力支持与帮助，得到了国际排球联合会裁判委员会委员和规则委员会委员，以及中国排球协会裁判委员会委员的鼎力协助，在此一并表示衷心的感谢！

目录

CONTENTS

上篇　排球裁判100问

下篇　排球裁判专题讲座

附　录

上篇

排球裁判100问

1. 排球比赛场地的地面和面积有何要求?

对称的 18 米 ×9 米的长方形，分比赛场区和无障碍区两部分。

通　则	国际排联、世界和正式比赛
——场地的地面必须平坦、水平、划一。 ——不得有任何可能伤害队员的隐患；不得在湿、滑或粗糙的地面上比赛。 ——室内比赛场地的地面必须是浅色的。 ——室外场地为了排水，可有 5 毫米/米的坡度，禁止用任何坚硬的物体作为场地界线。	——场地的地面只能是木制的或合成物质的。任何地面都必须事先经国际排联验准。 ——比赛场地界线为白色。比赛场区和无障碍区分别为不同的颜色。
——比赛场区四周被至少 3 米宽的无障碍区所包围。 ——比赛场区上空的无障碍空间从地面量起应至少高 7 米，其中不得有任何障碍物。 ——运动员有权在各自的无障碍区外进行击球（发球除外）。因此，球员可以从自己场区无障碍区之外任何地点将球击回，但此种情况不能出现在对方场区的无障碍区之外。	——比赛场地边线外的无障碍区宽 5 米，端线外宽 6.5 米。 ——比赛场地上空的无障碍空间至少高 12.5 米。

2. 排球场地上的画线有何规定?

通　则	国际排联、世界和正式比赛时
——所有的画线宽5厘米，使用与地面以及其他项目场地画线不同的颜色。 ——比赛场区的边线和端线都包括在比赛场区的面积之内。 ——中线在网下连接两条边线的中点。中线的宽度须平均分配，其中心线将比赛场区分为长9米、宽9米的两个相等场区，距中线中心线3米的进攻线又将两个相等的场区划分为前场区和后场区。中线平均分配在双方场地面积之内。	——进攻线是被无限延长的，在每条进攻线两端各画5段长15厘米、宽5厘米、间隔20厘米的虚线，虚线总长1.75米。 ——“教练员限制线”由一组长15厘米、间隔20厘米的虚线组成，虚线自进攻线的延长线至底线延长线，距边线1.75米并平行于边线。限制线限定了教练员的活动区域。

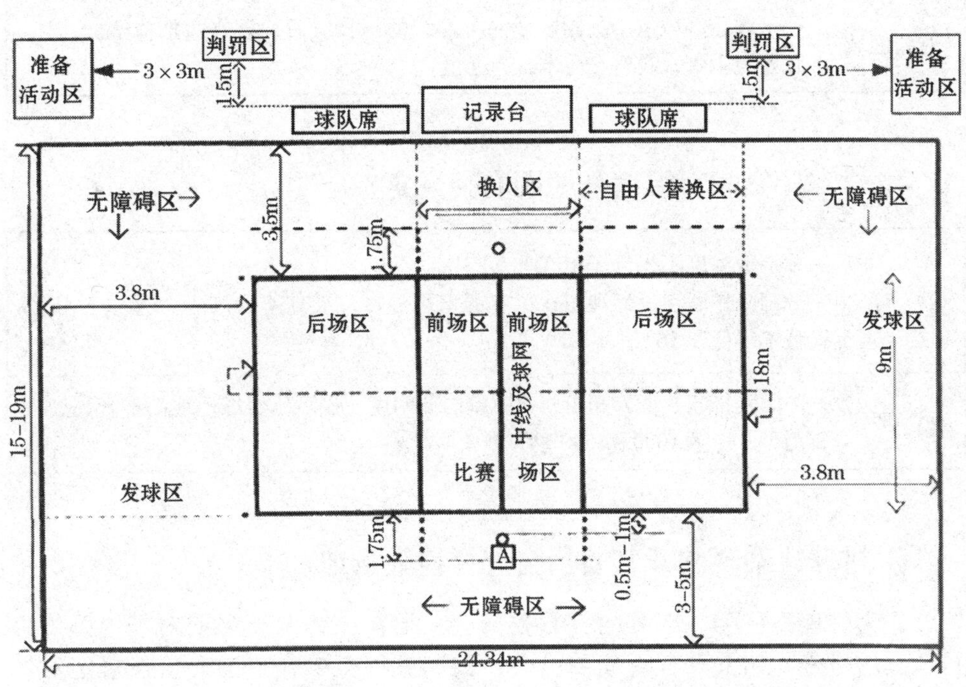

3. 排球场地的区和区域有何规定?

区和区域	内 容
前场区	——中线中心线与进攻线之间为前场区。前场区被认为是向边线外延长的,直至无障碍区的边沿。
发球区	——端线后两条边线的延长线各有一条长 15 厘米、垂直并距离端线 20 厘米的短线,短线之间的宽度为 9 米,深度延长至无障碍区终端的区域。(短线的宽度包括在发球区之内)
换人区	——两条进攻线的延长线之间,记录台一侧边线外的区域。
自由防守队员替换区	——是无障碍区的一部分,在替补席一侧的进攻线延长线和底线延长线之间的区域。
准备活动区域	——国际排联、世界和正式比赛的无障碍区外的球队席远端角落,画有 3 米×3 米的准备活动区域。
判罚区域	——判罚区域位于控制区域内各端线的延长线后,放有两把椅子。其长、宽各为 1 米,线宽 5 厘米,为红色。

4. 排球比赛时对温度和照明有何规定?

温 度	——最低温度不得低于 10℃ (50°F)。 ——国际排联、世界和正式比赛的室内温度,最高不得高于 25℃ (77°F),最低不得低于 16℃ (61°F)。
照 明	——国际排联、世界和正式比赛室内照明度,在距比赛场地地面 1 米高处进行测量,应为 1000~1500 勒克斯。

5. 排球比赛赛前裁判委员会怎样检查场地?

作为管理委员会一部分的裁判委员会,须在比赛两天之前对场地画线进行认真的检查。如果没有管理委员会,裁判员将至少在赛前一天按规定对场地进行检查。检查必须仔细彻底,如果发现问题,应立刻向组委会指出并进行改正。

（1）界线全部为5厘米宽（不多也不少）。

（2）两个场地对角线之间距离必须一致（12.73米）。

（3）场地和无障碍区的颜色应有明显区别。

（4）非国际排联和其他正式比赛，如果场地上有其他体育项目的画线，其颜色应与排球比赛界线有所区别。

6. 排球比赛对球网与网柱有何规定？

（1）对球网的描述

球网为黑色，架设在中线上空，宽1米，长9.50～10米（每边标志带外25～50厘米），网眼直径10厘米。国际排联、世界和正式比赛，可根据赛事市场开发协议中的广告需求调整网眼大小，在赛事竞赛规程中具体说明。球网高度为男子用2.43米，女子用2.24米；球网的高度应从场地中间丈量，球网两端（边线上空）的高度必须相等，并不得超过规定网高2厘米。

球网上沿的全长缝有7厘米宽的双层白帆布带。帆布带的两端留有孔，用绳索系在网柱上使网上沿拉紧。用一根柔韧的钢丝穿过帆布带，拉紧网上沿，固定在网柱上。球网下沿和球网上沿一样有一条5厘米宽的双层白帆布带，中间穿有一条绳索固定在网柱上，拉紧网下沿。

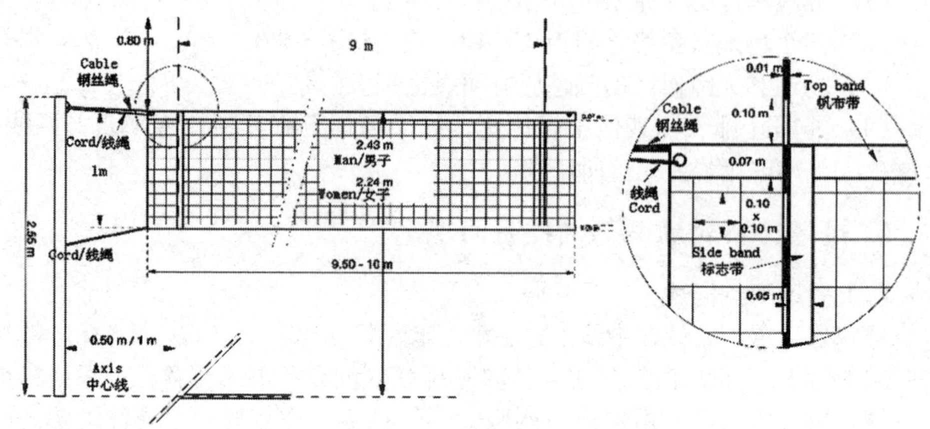

（2）标志带

两条宽 5 厘米、长 1 米的白色带子为标志带，分别系在球网两端，垂直于边线。标志带被认为是球网的一部分。

（3）标志杆

标志杆是有韧性的两根杆子，长 1.8 米，直径 10 毫米，由玻璃纤维或类似材料制成。两根标志杆分别设置在标志带外沿球网的不同侧面。

标志杆高出球网 80 厘米。高出部分每 10 厘米应涂有明显对比的颜色，最好为红白相间。标志杆被认为是球网的一部分，并视为过球网的边界。

（4）网柱

两根网柱分别架设在两条边线外 0.5 ~ 1 米处，高 2.55 米，最好可以调节高度，其外部必须进行柔软包裹。

国际排联、世界和正式比赛中网柱应架设在两条边线外 1 米处。

网柱应为光滑的圆形并无拉链。一切危险设施和障碍物都必须清除。

7. 赛前怎样检查排球球网及附加设备?

（1）由于球网具有弹性，第 1 裁判员应检查球网的松紧程度。可朝球网扔一个球，看它是否能弹回。松紧程度适度则球能够很好地弹回，但是球网的材料一定不要太具有弹性（比如橡胶），且不能使用凹凸不平的网。

球网必须水平垂直于中线的中心线，标志杆放置在网的两侧，垂直于边线外沿。

（2）不能使用网眼破损的球网进行比赛。（规则 10. 3. 2）

（3）第 2 裁判员赛前要用刻度 243 ~ 245 厘米（男子）和 224 ~ 226 厘米

(女子)的量尺对球网高度进行丈量。第1裁判员应在第2裁判员附近监督测量过程。下图为丈量网高的程序。

① ② ③

(4)比赛(尤其在每局比赛开始前)期间，对应的司线员一定要检查标志带垂直边线之上而且标志杆紧贴在标志带边缘。如果与要求不符，应该立刻对其进行调整。

(5)比赛之前(正式准备活动之前)和比赛期间，裁判员必须注意网柱和裁判台没有对运动员构成危险(例如网柱凸出的绞盘、挂钩等)的现象。

(6)附加设备：球队席、记录台、两个用于请求正常比赛中断(暂停和特殊换人，以及由于站位表和场上位置不符时的换人)显示红色/黄色灯的电子蜂鸣器(每个教练员旁放置1个)、1个裁判台、1把测量球网高度的丈量尺、1个气压表、1个打气筒、1支温度计、1支湿度计、可放置5个球的球架、1号~20号的换人牌 、6个拖把(1米宽)、为快擦手准备至少8条有吸水功能的手巾(40厘米×40厘米或40厘米×80厘米)、2把放置在各自罚球区的判罚椅和自由防守队员背心。国际排联、世界和正式比赛中，记录员桌子上也要放置蜂鸣器，用于提示轮转错误、自由防守队员犯规、技术暂停和请求暂停。

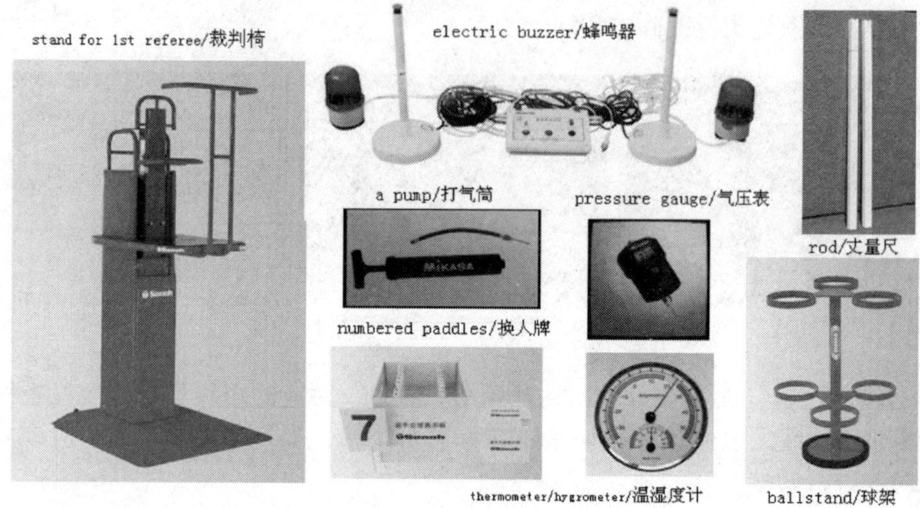

（7）组委会还应提供一副备用标志杆和一副备用球网，放置在记录台之下。

（8）国际比赛必须使用电子计分屏，记录台上还需放置小型手动翻分牌。

8. 排球比赛球的标准及统一性是什么？

（1）标准（Standards）

球是圆形的，由柔软皮革或合成革制成外壳，内装橡皮或类似质料制成的球胆。

颜色：可以是一色的浅色或是彩色。

正式国际比赛使用的合成革和彩色球必须符合国际排联标准。

圆周：65～67 厘米。

重量：260～280 克。

气压：0.30～0.325 公斤/平方厘米（294.3～318.82 百帕）。

（2）统一性（Uniformity of Balls）

在一次比赛中所用的球，其特性，包括圆周、重量、气压、牌号及颜色等都必须是统一标准的。

国际排联、世界和正式比赛、国家或地区联赛和锦标赛所用的球必须是国际排联批准的，或经过国际排联特许。

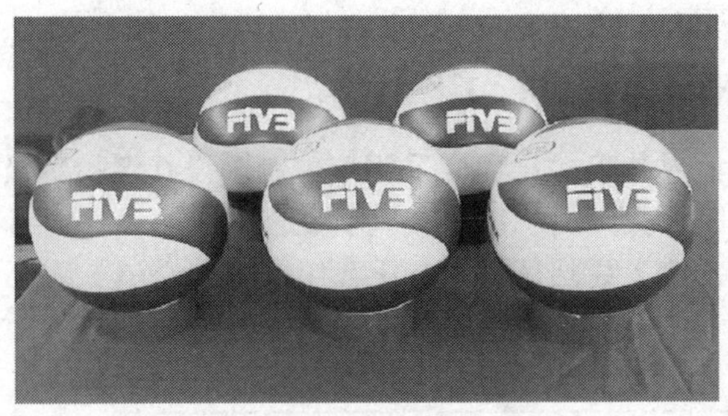

9. 排球比赛前怎样检查比赛用球?

（1）记录台旁须有一个能放5个比赛用球的（铁质）球架。

（2）赛前第2裁判员掌管这5个比赛用球，并检查其具有相同的特征（颜色、周长、重量和气压）。

在第1裁判员的陪同下，第2裁判员检查5个比赛用球。在整场比赛中球由第2裁判员掌管，比赛结束后，由其协助场地管理收回所有球。

（3）只有FIVB认可的球才能使用（每场比赛所指定的标志和样式）。在全国赛事中，只有中国排球协会认可的球才能使用。

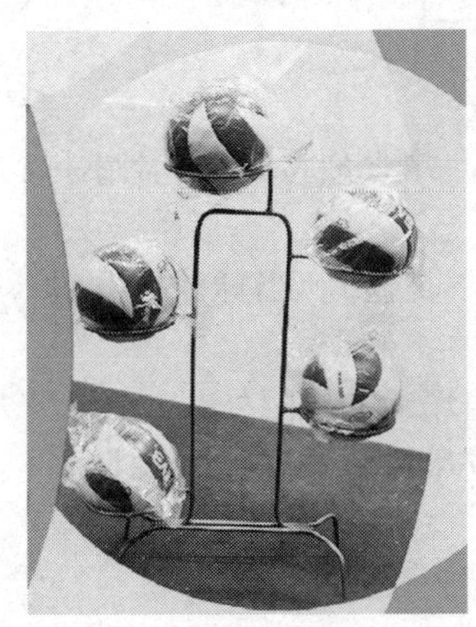

10. 国际排联、世界和正式比赛采用几球制？设几名捡球员？比赛中捡球员怎样进行工作？

国际排联、世界和正式比赛应采用三球制。设 6 名捡球员，无障碍区的 4 个角落各 1 人，第 1 裁判员、第 2 裁判员后面各 1 人。

比赛开始前，第 2 裁判员将 4 个比赛用球分别交给 1、2、3、4 号捡球员。

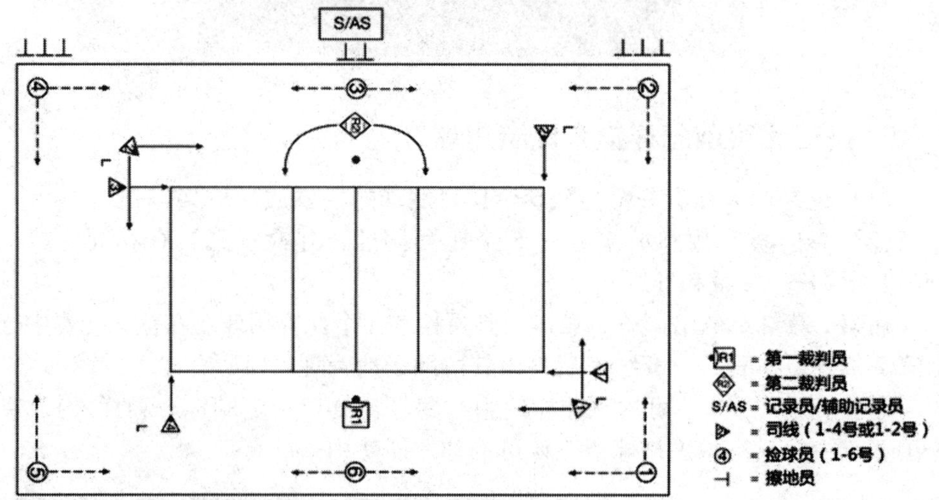

比赛中，当球成死球时：

(1) 当球出了场地，由距离最近的捡球员捡起，并立刻将其滚向刚刚把球传给发球队员的捡球员。

(2) 球在捡球员之间传递应采取滚动的方式（不是抛），当球成为死球，最好不要从记录台一边传递。

(3) 球在场地里时，离球最近的队员须将球滚出场地的界限外。

(4) 一旦发生了死球，捡球员 1、2、3、4 号应尽快将球传给发球队员，以免造成延误。

11. 排球比赛队的组成有何规定?

（1）一场比赛中，一个队最多有12名队员，还有如下成员。

教练组：1名教练员，最多2名助理教练员。

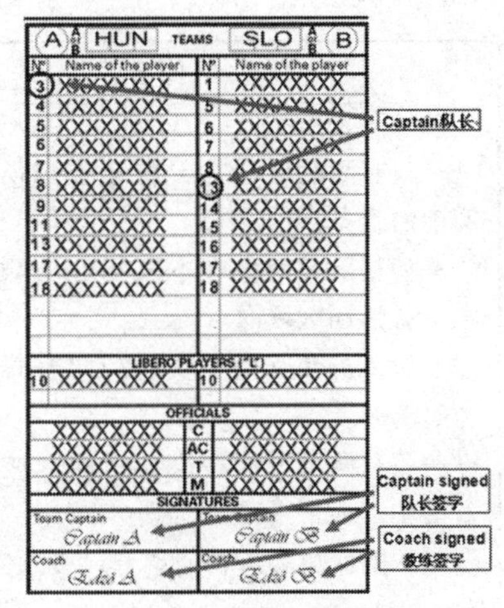

医务组：1名球队理疗师和1名医生。

只有登记在记录表上的人员才能坐在替补席和参加准备活动。不允许其他人员参加正式准备活动和局间准备活动。在准备活动期间，只有登记在记录表上并穿着训练服的成员才能参与准备活动。

国际排联、世界和正式比赛，记录表中最多可登记14名运动员上场参赛。经主教练指定，最多5人（包括主教练）可以坐在球队席上，这5人必须登记在记录表和O2bis上。

在国际排联、世界和正式比赛中，理疗师和医生是队伍组成人员，需事先通过国际排联注册。但是，在国际排联、世界和正式比赛中，如果理疗师和医生不属于坐在球队席的5人时，则必须坐在比赛控制区内隔离板附近，在裁判员示意允许其处理运动员场上突发伤病时，才能进入赛场。

理疗师（即使未坐在球队席）可以协助队伍进行准备活动，直到正式网前热身开始。不同比赛的竞赛规程将体现在各自比赛技术手册之中。

（2）一名非自由防守队员为队长，队长在记录表上被注明。

（3）只有登记在记录表上的队员才可以进入场地和参加比赛。教练员和队长在记录表上签字以后，已登记在记录表上的队员名单不得更改。

（4）国际排联、世界和正式比赛，特定竞赛规程将明确每队12名运动员的规定如何被执行，但每场比赛每队只能有12名运动员参赛。所有运动员号码在一次赛会中不得更改。

（5）通常，在正式的国际比赛中，第1裁判员不必审查记录表上运动员名单（运动员各种身份审查由管理委员会负责）。

如有竞赛资格的特殊规定，而且现场没有管理委员会人员，第1裁判员应遵照具体规章审查运动员参赛资格。不符合规定的队员不能参加比赛。如果有任何不同意见，第1裁判员应将其决定记录在记录表上，必要时进行书面报告（比赛期间，他应听取仲裁委员会的意见及决议）。

（6）教练员和队长（都应检查记录表和电子记录表上本队名单，并在记录表上签字）对本队列入记录表上的队员名单负责。

12. 排球比赛中、局间和暂停时球队官员和替补队员的位置在哪里？

比赛中	局间/暂停
——只有队的成员才允许坐在球队席上，并参加赛前的准备活动。 ——替补队员应坐在本队场地一侧的球队席上或在准备活动区域内。 ——教练员和其他成员也应坐在球队席上，但可暂时离开。 ——替补队员可以在准备活动区域内做无球的准备活动。 ——队的成员如需暂时离开，必须向裁判员请假。	——局间，队员可以在无障碍区用球做准备活动。 ——暂停或技术暂停时，队员可以在本队场区之后的无障碍区做无球的准备活动。 ——在第 2 局、第 3 局之间的长局间（如有），球员可以使用本方场区做有球的准备活动。 ——队的成员如需暂时离开，必须向裁判员请假。

13. 排球比赛运动队的服装有何规定？

队员服装包括上衣、短裤、袜子（比赛服）和运动鞋。

（1）全队上衣、短裤和袜子的颜色、样式必须统一（自由防守队员的除外），比赛服必须整洁。

（2）运动鞋必须柔软轻便，采用没有后跟的胶底或合成革。

（3）队员上衣必须有号码，序号为 1～20 号。国际排联、世界和正式比赛中，如允许报名人数较多、赛季较长的分阶段比赛，1～20 容纳不下队员号码时可以向后顺延。

——号码必须在身前和身后的中间位置，并与上衣的颜色明显不同。

——身前号码至少 15 厘米高，身后号码至少 20 厘米高，号码笔画宽度至少 2 厘米。

（4）队长上衣胸前号码下，应有一条与上衣颜色不同的长 8 厘米、宽 2 厘米的条状标志。裁判员应在赛前检查这个标志。

（5）禁止穿着带有不符合规则规定号码的服装和与同队其他队员的服装不同颜色的服装（自由防守队员除外）。

(6) 第1裁判员应检查球队队服是否符合要求，如不符合，须要求其更换。队服须统一。尤其在比赛和每局开始前，队员应将上衣扎进短裤内，如没有，第1裁判员应以礼貌的语气给予要求。

(7) 如果两个运动队着装颜色相同，列在记录表（根据秩序册）前面的运动队（根据贝格尔编排顺序）将更换服装（挑边之前）。

(8) 运动队官员的服装包括训练服和球衣或西服、衬衣、领带和西裤。

在初次检查中，所有队的成员的着装必须遵循以下原则：

——训练服和球衣的颜色、样式必须一致；

——官员必须穿颜色、样式一致的西服、衬衣、领带和西裤。

如果教练员脱掉外套，其他官员也必须脱掉，而且服装要整洁一致。

(9) 服装的更换。

第1裁判员可以允许一名或多名运动员：

——赤脚比赛；

——在局间或换人后更换湿的或损坏的服装，但所更换的服装必须与以前的服装颜色、式样和号码相同；

——天气较冷时可以穿训练服比赛，但全队服装的颜色、样式必须相同（自由防守队员除外），号码符合以上第（3）条规定。

（10）禁止佩戴的物品。

禁止佩戴可能对运动员造成伤害及加力的物品。队员可以戴眼镜和隐形眼镜比赛，但风险自负。

可以使用加压护具（带护垫的损伤防护器具）进行保护和支撑。

国际排联、世界和正式比赛中，此类护具应与比赛服颜色一致。黑、白或其他素净色调被允许使用。

14. 排球比赛队长在赛前、赛中、赛后都有何权利和义务？

比赛前	——队长在记录表上签字，并代表本队抽签。
比赛中	——队长担任场上队长（自由防守队员不能担任队长）。
	——队长不在场上时，教练员或队长应指定除自由防守队员以外的另一名队员担任场上队长代行其职权，直至该队员下场或队长返回场上，或至该局结束。第1裁判员须确认场上队长及教练，因为只有他们具有提出请求的权利。在整个比赛过程中，裁判员应始终明确谁是场上队长。
	——如果场上队长请求对规则进行解释，第1裁判员必须回答，必要时不仅只重复手势，而且要赋予简短的规则用语（国际排联官方语言为英语）。 只有场上队长有权代表队的成员向裁判员进行询问或请求解释（场上队长被替换下场后，此种权力自动解除）。
	a. 请求对规则和规则的执行进行解释，转达本队队员提出的问题或请求。如果他对解释不满意，可以选择抗议并立即向第1裁判员声明，保留其在比赛结束时将正式的抗议写在记分表的权利。
	b. 有权利：请求允许更换全部或部分服装； 请求允许核对双方队员的位置； 请求允许检查地板、球网和球等。
	——在教练员缺席的情况下请求暂停或换人。
比赛后	——感谢裁判员，并在记录表上签字承认比赛结果。
	——如果他曾向第1裁判员做过声明，进一步确认后可将对裁判员的解释或执行规则的正式抗议记录在记分表上。

15. 教练员在赛前、赛中有何权利和义务?

教练员应自始至终在比赛场区之外进行指挥，他与第 2 裁判员联系填写位置表、请求暂停或换人。

<table>
<tr><td>比赛前</td><td>——在记录表上登记或检查队员姓名、号码并签字。</td></tr>
<tr><td rowspan="3">比赛中</td><td>——每局开始前填写位置表，签字后交给第 2 裁判员或记录员。</td></tr>
<tr><td>——坐在靠近记录员一端的球队席上，但可以暂时离开。教练员没有权利接触任何裁判组成员，除了请求暂停和替换。但是，如果电子计分屏上的信息或比分不正确，教练员可以在比赛死球时向记录员进行询问。</td></tr>
<tr><td>——与队的其他成员一样，可以对场上队员进行指导。进行指导时可以在球队席前自进攻线延长线至准备活动区域之间的无障碍区内站立或行走，但不得干扰或延误比赛。
国际排联、世界和正式比赛，教练员在整个比赛中自始至终应在教练员限制线后履行职责。</td></tr>
</table>

16. 助理教练员有何权利和义务?

（1）助理教练员坐在球队席上，但无任何权利。

（2）除非以一名队员的身份进入球场，当教练因任何理由，包括被判罚必须离开他所在的球队时，只要场上队长向裁判员确认，一名助理教练员可以在教练缺席期间承担教练职责。

17. 比赛中怎样控制替补席上比赛队的成员和准备活动区的运动员行为？

比赛期间，第2裁判员须检查坐在球队席或在准备活动区的运动员行为，替补裁判员协助此项工作，比赛期间运动员不允许用球做准备活动。

所有坐在球队席或准备活动区内的运动队成员没有权利干扰或质疑裁判员的判断。如出现此类情况，第1裁判员应按规则进行处罚。

18. 什么情况下是某队得1分、胜1局和胜1场?

（1）某队得1分

①球成功地落在对方场区。

②对方犯规。

当队员的比赛行为违背规则时（或有其他方式的犯规），裁判员按以下规则做出判定：如果两个或更多的犯规先后发生，只判第一犯规；如果双方队员同时犯规，判为“双方犯规”，该球重新比赛。

③对方受到判罚。

（2）胜1局

每局（决胜的第5局除外）先得25分同时超过对方2分的队胜1局。当比分为24:24时，比赛继续进行至某队领先两分（26:24、27:25）为止。

（3）胜1场

① 胜3局的队胜1场。

② 2:2平局时，决胜局（第5局）打至15分并领先对方2分者获胜。

19. 什么是比赛过程（一球）和完整的比赛过程（完成一球）?

比赛过程（一球）是指从发球击球起至该球成死球止的比赛行为。完整的比赛过程（完成一球）是造成了得分结果的比赛行为，包括判罚得分、发球超时失误等。

（1）如果比赛过程中发球队赢1球，则该队得1分并继续发球。

（2）如果比赛过程中接球队赢1球，则该队得1分并获得发球权。

20. 如果某队出现了弃权与阵容不完整，怎样判罚？

（1）某队被召唤后拒绝比赛，则宣布该队弃权。对方以每局25∶0的比分和3∶0的比局获胜。

（2）某队无正当理由而未准时到达比赛场地，则宣布该队弃权，处理同（1）。

（3）某队被宣布一局或一场比赛阵容不完整时，输掉该局或该场比赛，判给对方胜局或该场比赛获胜所必要的分数和局数。阵容不完整的队保留其所得分数和局数。

如果某队被宣布弃权或阵容不完整，记录员应依据以上规定完成记录表的记录。

21. 抽签仪式应注意哪些事项？

比赛开始前由第1裁判员主持抽签，决定首先发球的队和场区。

进行决胜局比赛前，应再次抽签。

（1）抽签由双方队长参加。

（2）抽签获胜方可以选择：

——发球或接发球，或

——场区。另一方挑选余下部分。

22. 赛前准备活动有何规定？

（1）在比赛开始前，如另有场地专门供比赛队进行活动，则他们可以到该场地活动6分钟，如果没有，则活动10分钟。国际排联、世界和正式比赛，比赛队一起上网活动10分钟。

（2）如果任何一方队长要求分开使用球网活动，按照以上（1）的规定，两队可以各自使用球网3分钟或5分钟。

（3）如果两队分开进行准备活动，则首先发球的队先使用球网。

23. 场上的站位和位置表有何规定？

（1）每个队必须始终保持6名队员进行比赛，队员的轮转次序应按位置表登记的顺序进行，直至该局结束。

（2）每局比赛开始前，教练员必须及时地将开始阵容登记在位置表上，签字后交给第2裁判员或记录员，或用电子方式直接发送到电子记录表中。每局结束以后，第2裁判员应立即向教练索要下一局的位置表，以免延误局间的3分钟时间。

如因教练员未按时提交位置表而造成延误比赛的正常开始，第1裁判员须给予该队一次延误判罚。

（3）未列入开始阵容的队员，为该局的替补队员（自由防守队员除外）。

（4）位置表一经交给第2裁判员或记录员，除正常换人外，其阵容不得更改。

（5）当场上队员的位置与位置表不符时

①一局开始前，场上队员的位置与位置表不符时，必须按位置表进行纠正，不予判罚。

②一局开始前，场上有一名或更多队员没有登记在位置表上，必须按位置表进行纠正，不予判罚。

③如果教练员要保持未登记的队员在场上，他必须以相应手势请求正常换人，并登记在记录表上。

如果场上队员的位置与位置表不符发现迟了，必须马上纠正成正确位置。对方比分仍然有效且得1分，并由对方发球。取消该队自错误发生后的所有得分。

（6）记录员将位置表上的信息写到记录表上之前，第2裁判员和记录员都应对位置表进行检查。检查位置表上的上场队员号码是否与记录表上的相符，当场上队员被发现不是登记在记录表名单的队员时，对方比分仍然有效且得1分，并由对方发球。取消该队未登记队员在场上的所有得分和局（如果需要时是0∶25），并且要更改站位表重新提交，由新的登记在记录表的队员替换掉未登记在记录表的队员。

24. 什么是排球场上的位置和位置错误?

发球队员击球时，双方队员（发球队员除外）必须在本场区内按轮转次序站位。

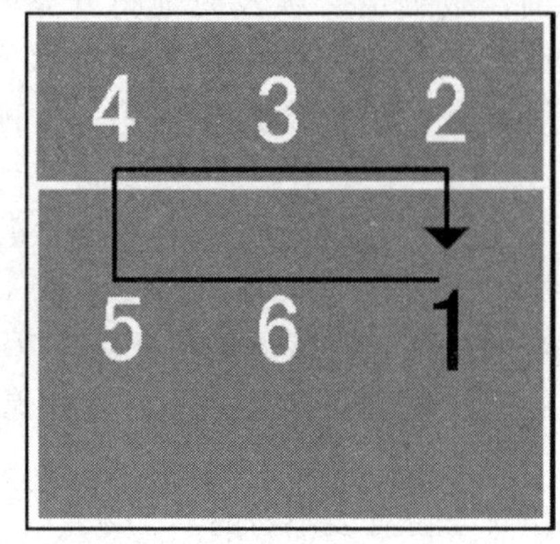

（1）队员场上位置

①靠近球网的 3 名队员为前排队员，其位置为 4 号位（左）、3 号位（中）和 2 号位（右）。

②另外 3 名队员为后排队员，其位置为 5 号位（左）、6 号位（中）和 1 号位（右）。

（2）两名队员之间的位置

①每一名后排队员的位置必须比其相应的前排队员距离中线更远。

②前排和后排队员左右之间的位置应遵循①的规定。

（3）队员的位置应根据其脚的着地部位判定

①每一名前排队员至少有一只脚的部分，比同列后排队员的双脚距中线更近。

②每一名右（左）边队员至少有一只脚的部分，比同排中间队员的双脚距右（左）边线更近。

（4）发球击球后，队员可以在本场区和无障碍区的任何位置

位置错误：如发现位置错误犯规，裁判员在做出位置错误犯规手势之后，还应指明位置错误的两个队员。如队长对此次判罚有异议，第 2 裁判员应拿出位置表并告知发生位置错误的队员。

① 当发球队员击球时，如果队员不在其正确位置上，则构成位置错误犯规。其中包括通过不合法换人上场的运动员。

② 当发球队员击球时的犯规与对方位置错误同时发生，则发球犯规被认为在先。

③ 如果发球队员在击球后的犯规与对方位置错误同时发生，则位置错误在先。

④ 位置错误的判罚如下：

a. 该队被判失去1分，由对方发球。

b. 队员恢复到正确位置。

25. 什么是排球场上的轮转和轮转错误?

（1）轮转

①整局比赛中，轮转次序、发球次序以及队员位置的确定，均以位置表为依据。

②接发球队获得发球权后，该队队员必须按顺时针方向轮转一个位置：2号位队员转至1号位发球，1号位队员转至6号位等。

（2）轮转错误

①没有按照轮转次序进行发球为轮转错误，应按照顺序进行如下判罚：

a. 记录员按下蜂鸣器停止比赛，对方得1分和发球权；如果因为轮转次序错误造成比赛过程中止，不管当时比赛状况如何，对方只能从这个比赛过程中得到1分。

b. 队员的轮转次序被纠正。

②记录员应准确地确定其错误何时发生，从而取消该队自错误发生后的所有得分。对方得分仍然有效。

如果不能确定错误发生的时间，则仅判该队失1分，由对方发球。

26. 什么是进入比赛和比赛的终止?

进入比赛：经第1裁判员允许，发球队员击球为进入比赛。

比赛的中止：裁判员鸣哨即为比赛的中止。如果裁判员是因出现犯规而鸣哨，则比赛的中止是由犯规一刻开始的。

27. 什么是“界内球”和“界外球”?

界内球：任何时间球的任何部分触及比赛场区地面包括界限为界内球。

下列为界外球：

（1）球接触地面的部分完全在界线以外。

（2）球触及场外物体、天花板或非场上比赛队员。

（3）球触及标志杆、网绳、网柱或球网标志带以外部分。系起球网的绳索超出9.50/10.00米的范围，不属于球网，也就是说，球柱和绳索都不属于球网。因此，如果球碰击球网标志带以外（9米以外）的任何部位，视为触及“界外物体”，场上第1裁判员或第2裁判员应鸣哨并示意“界外”。

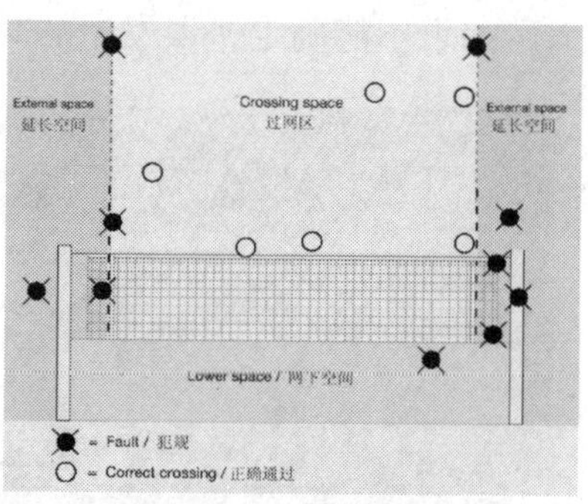

（4）球的整体或部分从过网区以外过网，规则10.1.2的情况除外。

（5）球的整体从网下空间穿过。

28. 球队的“击球”规则有何规定?

比赛队必须在其本方场地及空间进行比赛（规则 10.1.2 的情况除外），但可以越出本方的无障碍区救球。

比赛队员与球的任何接触都视为击球。

每队最多击球 3 次（拦网除外）将球击回对区，如超过此击球次数则判为“4 次击球”。

（1）连续击球

一名队员不得连续击球 2 次（规则 9.2.3.14.2 和 14.4.2 的情况除外）。

（2）同时击球

2 名或 3 名队员可以同时触球。

①同队的 2 名（或 3 名）队员同时触到球时，被记为 2 次（或 3 次）击球（拦网除外）。如果只有其中一名队员触球，则只记 1 次。队员之间的碰撞不算犯规。

②两名不同队的队员在网上同时触球，比赛继续进行，获球一方可再次击球 3 次。如果该球落在某方场区之外，则判对方击球出界。

③如果两名不同队的队员在网上同时触球并造成短暂停留，则比赛继续进行。

（3）借助击球

队员不得在比赛场地之内借助同伴或任何物体支持进行击球。

但是，队员可以挡住或拉住另一名即将犯规（如触网、过中线等）的同队队员。

29. “击球的性质”是什么?

（1）球可以触及身体的任何部位。

（2）球不能被接住和/或抛出。它可以向任何方向弹出。

（3）球可以触及身体的不同部位，但必须是同时。

下列情况除外：

①拦网时，一名队员或多名队员可以在一个动作中连续触球；

②在第一次击球时，允许身体不同部位在一个动作中连续触球。

第一次击球有以下 4 种情况：

——接发球；

——接进攻性击球（不只是扣球，所有的进攻性击球，规则 13. 1. 1）；

——接对方拦回的球；

——接触及了本方拦网队员的球。

30. “击球时的犯规”有哪些?

（1）四次击球：一个队连续击球 4 次。

（2）借助击球：队员在比赛场地内借助同伴或任何物体的支持进行击球。

（3）持球：球被接住和/或抛出，而不是被弹击出。

（4）连击：一名队员连续击球 2 次，或球连续触及其身体的不同部位。

31. 怎样对“击球时的犯规”的规则进行解析?

（1）当在无障碍区的击球行为被司线员、第2裁判员或教练干扰时:

——如果球击到裁判员或教练员，应判“界外球”（规则8.4.2）。

——如果运动员借助场内人员或教练员进行击球，应判运动员犯规（借助击球，规则9.1.3），此球不能判“争球”。

（2）只有在看到犯规时才可鸣哨。第 1 裁判员一定要认真观察球与运动员身体接触时的状况，而不受运动员击球前和击球后姿势和动作的影响。国际排联裁委会认为，裁判员在允许上手手指击球的同时也允许身体任何部位击球，这在规则上是合法的。

（3）要清楚“球只要不被接住和抛出，可以向任何方向弹出”这条规则。一次击球包含两个行为，先接再击，合法的击球意味着球从身体接触点清晰弹出。

（4）裁判员一定要保持稳定的观察，特别是在现今排球经常出现的佯攻（“吊球”）被使用时，这种击球会改变回球方向。

比赛中出现吊球时，没有抓球和抛球的动作是被允许的。

第 1 裁判员应仔细观察吊球动作，这种进攻性击球应在完全高于球网处，用一只手的手指柔和并清晰完成。如果球没有立即反弹，且伴有推送动作即为犯规。

（5）运动员的拦网动作由单纯阻截改变为推、送、携带和抛等动作是不合法的，遇如此情况，裁判员应判其持球（但注意尺度）。

（6）为了使比赛更加引人入胜、增加来回球和鼓励勇敢精神，只有最明显的犯规才被判罚。因此，当一名运动员处于困难的情况和位置进行击球时，第 1 裁判员的判罚不应过于严格。例如：

——二传队员跑动中的传球或传一个来不及反应的球；

——运动员奋力跑动救球或击被拦回的球；

——没有持或抛等犯规动作的第一次击球。

32. 球通过球网时“过网区”的范围是哪里？

球必须通过球网上空的过网区进入对方场区。过网区是球网垂直平面的一部分，其范围：

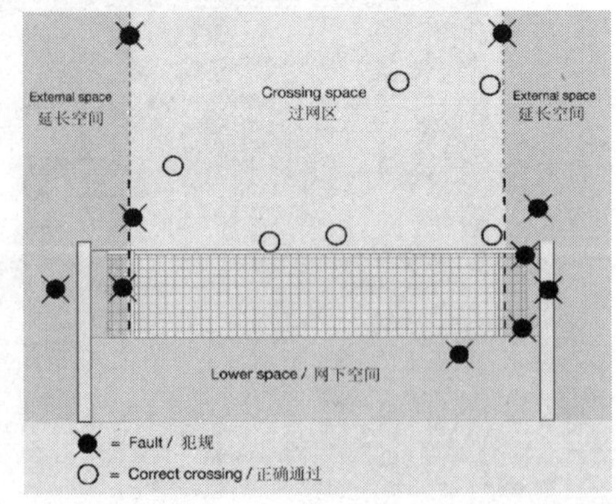

（1）下至球网上沿。

（2）两侧至标志杆及其延长线。

（3）上至天花板。

球通过球网时可以触及球网。

球入球网后，可以在该队的 3 次击球内再击。

如果球击破球网或使球网坠落，该球重新进行。

33. 球的整体或部分从非过网区进入对方无障碍区，在什么情况下可以将球击回?

（1）球的整体或部分从非过网区进入对方无障碍区，可以在下列情况出现时将球击回：

——队员不得触及对方场区；

——球被击回时，它的整体或部分必须从同侧非过网区通过。对方队员不得阻碍此击球。

（2）球从网下飞向对方场区时，球的整体越过网下垂直平面之前比赛继续进行。

第2裁判员和司线员应清楚以下规定：运动员可以到对方无障碍区将球击回，比赛中遇此种情况，要主动避让。由过网区打到对方无障碍区的球不允许击回，如有运动员试图将球击回，在触球的瞬间判为界外球。

34. 判断“过网击球”犯规应该注意哪些方面?

（1）比赛队必须在其本方场地及空间进行比赛。

（2）拦网时允许拦网队员越过球网触球，但不得在对方进攻性击球前或击球时干扰对方。

（3）进攻性击球后允许手过网，但击球时必须在本方空间。

35. “网下穿越”即“过中线”犯规有何规定?

（1）在不妨碍对方比赛的情况下，允许队员在网下穿越进入对方空间。

（2）穿越中线进入对方场区：

——队员的一只（两只）脚部分越过中线触及对方场区的同时，其余部分接触中线或置于中线上空是允许的。

——队员脚以上的身体的任何部位，触及对方场区是允许的，但不得干扰对方比赛。

（3）比赛成死球后队员可以进入对方场区。

（4）在不妨碍对方比赛的情况下，队员可以穿越进入对方的无障碍区。

裁判员应注意区分脚过中线和身体的其他部位越过中线。脚越过中线，运动员脚的一部分还保持与中线接触或投影还在中线上，是允许的。

36. 什么是“触网”犯规？如何判断?

（1）击球过程中触及标志杆以内球网部分为犯规。击球过程包括（但不限于）起跳、击球（或试图击球）、落地后站稳并准备下一个动作。

队员干扰比赛有下列情况（但不限于）：

——击球过程中触及标志杆及标志杆以内球网任何部分；

——利用球网支撑、稳定身体；

——通过触网造成不公平的本方优势；

——妨碍对方进行合法击球的行为；

——拉网／抓网。

运动员靠近球击球或准备击球，不管是否击到球都是击球过程。

但是，队员身体触及标志杆以外的球网，不算犯规。（规则 9. 1. 3 的情况除外）。

（2）队员击球后可以触及网柱、网绳或标志杆以外的其他任何物体，包括球网本身，但不得干扰比赛。

（3）由于球被击入球网而造成的球网触及队员，不算犯规。

（4）击球行为解释为运动员接近球并试图击打球。但要注意，如果运动员触网是因对方击球造成球网晃动而引起的（3），则不应视为触网犯规。

（5）裁判员应注意标志杆以外的球网、网纲和球柱都不被认为是网的一部分。因此，如果一个运动员接触到这些部分，不被考虑为触网犯规，除非它改变了网的原状。

（6）为了加强两名裁判员的协作，第 1 裁判员判断进攻方的触网犯规，第 2 裁判员判断拦网方的触网犯规。

37. 队员在球网附近的犯规有哪些？

（1）对方进行进攻性击球前或击球时，在对方空间触及球或对方队员。

（2）从网下穿越进入对方空间并干扰对方比赛。

（3）队员整只（两只）脚越过中线进入对方场区。

（4）队员干扰比赛情况（不仅如下）：

——击球过程中触及标志杆及标志杆以内球网任何部分；

——利用球网支撑、稳定身体；

——通过触网造成不公平的本方优势；

——妨碍对方进行合法击球的行为；

——拉网/抓网。

为了加强两名裁判员的协作，工作的分工为第 1 裁判员专注于球网一侧的进攻方，第 2 裁判员专注于球网另一侧的拦网防守方。

38. 发球的定义是什么？每一局的首先发球是由什么决定的？在什么情况下第 1 裁判员鸣哨允许发球？

发球是后排右侧队员（1 号位队员）在发球区将球击出而进入比赛的行动。

第 1 局和第 5 局由抽签选定发球权的队首先发球；其他各局由前一局未首先发球的队首先发球。

在以下情况下第1裁判员鸣哨允许发球：

（1）第1裁判员检查发球队员已持球在手，而且双方队员已做好比赛准备时，鸣哨允许发球。

（2）当第1裁判员鸣哨发球前，如果电视台有回放慢镜头要求（回放慢镜头每局最多8次和每次最多7秒），如右图所示，裁判员前的红灯会亮起，他必须延迟鸣哨发球时间，等红灯熄灭后鸣哨。

（3）队员没有正常地进入发球区或发球队员不接受捡球员的球，应该给予延误判罚。

39. 发球时的犯规包括发球犯规和发球后的犯规，什么是“发球犯规”？

以下两种犯规应判为发球犯规，即使对方位置错误。第一是发球次序错误。队员发球应按位置表上的顺序进行。一局的首先发球后，当发球队胜一球时，原发球队员（或其替补队员）继续发球；当接发球队胜一球时获得发球权并轮转，由前排右侧（2号位）队员转至后排右侧（1号位），到发球区发球。第二是没有遵守“发球的执行”的规定；发球的执行包括下面5种情况：

（1）球被抛起或持球手撤离后，必须在球落地前，用一只手或手臂的任何部分将球击出。

（2）球只能被抛起或撤离一次，但如下图所示拍球或在手中摆弄球是允许的。

（3）发球队员在击球时或发球起跳时，不得踏及场区（包括端线）和发球区以外地面。击球后可以踏及或落在场区内或发球区以外。

第1裁判员和相关司线员必须注意发球队员在击球时或发球起跳时，不得踏及场区（包括端线）和发球区以外地面。如果发现犯规，司线员立即做出旗示，第1裁判员必须鸣哨。运动员发球前可以站立于发球区外，但击球或起跳时必须在发球区内。

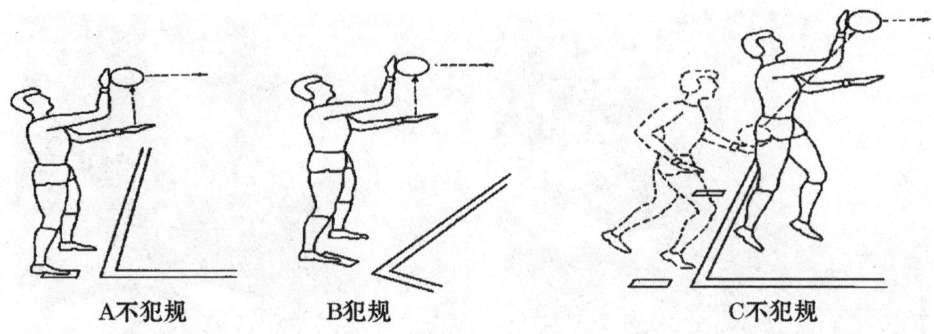

（4）发球队员必须在第 1 裁判员鸣哨允许发球后 8 秒内将球发出。注意 8 秒违例，从第 1 裁判员开始鸣哨就开始计时，而不是队员抛球后开始计时。

（5）裁判员鸣哨允许发球前的发球无效。

40. 什么是“发球后的犯规”？

球被发出后出现以下 3 种情况（除非位置错误），即为发球后的犯规：①球触及发球队队员或球的整体没有从过网区通过球网垂直平面；②发球后界外球；③球越过发球掩护。发球击球直至球飞过球网垂直面的过程中，发球队的队员个人或集体挥臂、跳跃或左右移动，或集体密集站立，遮挡对方观察发球队员视线和球的飞行路线，构成发球掩护（两个条件都满足了才构成发球掩护）。

41. 发球时的犯规和对方位置错误同时发生，如何判断？

发球时的犯规与位置错误的关系如下：如果发球犯规（不符合发球的执行、发球次序错误等）与对方位置错误同时发生，则判发球犯规；如果发球击球后的犯规（界外、发球掩护等）与对方位置错误同时发生，则判位置错误犯规。

42. 发球时第1裁判员和第2裁判员怎么配合？

运动员发球时，第1裁判员负责看发球一方，有无发球犯规和发球队位置错误等犯规；第2裁判员负责看接发球一方，有无接发球队位置错误等犯规。

43. 什么是“进攻性击球”？

除发球和拦网外，所有直接向对方的击球都是进攻性击球。在进攻性击球时，吊球是允许的，但击球必须清晰并不得接住或抛出球。球的整体通过球网垂直平面或触及对方队员，则认为完成进攻性击球。

44. “后排违例”怎么判断？

后排队员在前场区完成进攻性击球，并且击球时球的整体高于球网上沿，球的整体越过球网垂直面或触及对方拦网队员即为犯规。进攻性击球对后排队员有限制，后排队员可以在进攻线后对任何高度的球完成进攻性击球，但是起跳时脚不得踏及或超过进攻线；击球后可以落在前场区。后排队员也可以在前场区完成进攻性击球，但触球时球的一部分必须低于球网上沿。

45. 进攻性击球有哪些犯规?

（1）在对方空间击球。进攻性击球对前排队员有限制，前排队员可以对任何高度的球完成进攻性击球。但触球时必须在本方空间（但接发球队队员不能对在前场区内高于球网上沿的对方发球完成进攻性击球）。

（2）击球出界。

（3）后排队员在前场区完成进攻性击球，并且击球时球的整体高于球网上沿。进攻性击球对后排队员有限制，后排队员可以在进攻线后对任何高度的球完成进攻性击球，但是起跳时脚不得踏及或超过进攻线；击球后可以落在前场区。后排队员也可以在前场区完成进攻性击球，但触球时球的一部分必须低于球网上沿。

（4）对处于前场区内高于球网上沿的对方发球完成进攻性击球。接发球队队员不能对在前场区内高于球网上沿的对方发球完成进攻性击球。

（5）自由防守队员对高于球网上沿的球完成进攻性击球。

（6）队员在高于球网处，对同队自由防守队员在前场区用上手传的球完成进攻性击球。

46. 拦网的定义是什么？对拦网的击球有何规定？

拦网是队员靠近球网在高于球网处阻挡对方来球的行为，与触球点是否高于球网无关。只有前排运动员才允许完成拦网，但触球时一部分身体必须高于球网。

在一个动作中，球可以连续（迅速而连贯地）触及一名或更多名的拦网队员。拦网时，只要是一个动作，球触及包括脚在内的任何身体部位仍然算是拦网。拦网的触球不算作球队三次击球的一次。拦网触球后该队还可以击球三次。拦网后可以由任何一名队员进行第一次击球，包括拦网时已经触球的队员。

47. 拦网犯规包括了哪些方面？

拦网的犯规包括了以下6个方面：

（1）在对方进攻性击球前或击球的同时，在对方空间完成拦网。拦网时队员可以将手或手臂伸过球网，但不得妨碍对方击球。过网拦网的触球必须在对方进攻性击球之后。触及球的拦网行动为完成拦网。

（2）后排队员或自由防守队员完成拦网或参加了完成拦网的集体。触及球的拦网行动为完成拦网。两名或三名队员彼此靠近进行拦网为集体拦网，其中一人触球则完成拦网。

（3）拦对方的发球。对对方的发球进行拦网是被禁止的。

（4）拦网出界。

（5）从标志杆以外伸入对方空间拦网。

（6）自由防守队员试图进行个人或参加集体拦网。没有触及球的拦网行动为试图拦网。

48. 怎么理解“允许拦网队员把手伸向对方场地空间进行拦网”这句话?

（1）允许拦网队员把手伸向对方场地空间进行拦网，但须符合下列条件：

——在对方第一或第二次击球后，球直接飞向拦网一方的场区，并且

——没有对方队员在球网附近准备并可能击到此球。

这意味着如果对方有运动员在球附近准备击球，在对方的空间先于或同时与对方触球为过网击球犯规。

在对方第三次击球之后，任何球可以过网拦网。

（2）平行于球网的球不能进行过网拦网，第三次击球后除外。

（3）如果拦网队员在对方空间改拦网动作为击球，则为犯规。（明确“越过球网”的意思是双手进入对方空间）

49. 什么是排球比赛的“间断”？正常的比赛间断包括什么？正常的比赛间断最多的次数是多少？一次相同的间断，连续请求“暂停”和“换人”是怎么规定的?

“间断”是完整的比赛过程后至下一次裁判员鸣哨发球。正常的比赛间断只有“暂停”和“换人”。每局比赛中，每队最多可以请求两次暂停和6人次换人。国际排联、世界和正式比赛，可以根据赞助、市场和转播协议，减少一次暂停或技术暂停。在一个相同的间断，同一个队可以请求一次或两次暂停，也可以一个队接着另一个队各请求一次换人。国际排联、世界和正式比赛，可以根据赞助、市场和转播协议，减少一次暂停或技术暂停。同一队再次请求换人必须经过一次完整的比赛过程（例外：因伤或被判罚出场/取消比赛资格的被迫替换，规则 15.5.2、15.7、15.8）。

50. 队的成员谁可以请求间断？怎么请求间断?

只有教练员或教练员缺席时场上队长可以请求比赛间断。

一局开始前请求换人是允许的，但应计算在正常换人次数之内。

请求暂停必须在比赛成死球后、裁判员鸣哨允许发球前，并使用相应的手势。国际排联、世界和正式比赛中，必须先使用蜂鸣器然后做出手势请求暂停。

替补队员在比赛间断时只要进入了换人区，并且做好了比赛的一切准备，就是提出了实际的换人请求。教练员不需要做出换人手势，除非是因为受伤

或第 1 局开始前请求换人。

51. “暂停”和“技术暂停”有何区别?

所有被请求的暂停时间均为 30 秒，每局两次。国际排联、世界和正式比赛的第 1 ~4 局中，每局另外有两次时间为 60 秒的技术暂停，每当领先队达到 8 分和 16 分时自动执行。决胜局（第 5 局）没有技术暂停，只有每队可以请求的、时间为 30 秒的两次正常暂停。在所有的暂停时，比赛队员必须离开比赛场区到球队席附近的无障碍区。

教练员请求暂停必须使用正式手势，如只是站起来，或只是口头提出，或只是按响蜂鸣器，裁判员都不能批准。如果暂停的请求被拒绝，裁判员要判断该队是否故意延误比赛而依据规则进行判罚。

当场上比分为 8 分和 16 分时，助理记录员应使用蜂鸣器宣布技术暂停（这不是第 2 裁判员的职责），暂停结束时同样按响蜂鸣器。广播员同时广播“第一次技术暂停”。技术暂停结束时，广播员要宣布“技术暂停结束”。类似的程序用于第二次的技术暂停。第 2 裁判员此期间不但要观察运动员是否离开场区，同时要监督检查助理记录员是否正确履行职责。

52. 什么叫“换人”? 请求换人时教练员需要做出换人手势吗? 换人有何限制?

一名队员离开比赛场地，而由另一名队员经记录员登记后占据其位置的行为称为换人（自由防守队员的替换除外）。请求换人时教练员不用给予换人手势。

在比赛中因为队员受伤被迫换人时，教练（或场上队长）必须做出换人手势；每局开始前对换人的请求应被允许，而且累计换人次数被记录在记录表上，当这种请求发生时，教练员也应该给予换人的手势。

换人有两条限制：①每局开始阵容中的队员，在同一局中可以退出比赛和再上场一次，而且只能回到原阵容的位置；②替补队员只能上场比赛一次，替换开始阵容的队员，而且他只能由被他替换下场的队员来替换。

53. 什么是“特殊替换”?

某一队员受伤或生病不能继续比赛时（自由防守队员除外），必须进行合法的换人。如果不能进行合法的换人，可采用超出规则 15. 6 两条换人限制的“特殊换人”。特殊换人是指场外的任何队员除自由防守队员、第 2 自由防守队员或由他/她正常替换下场的队员外，都可以替换受伤或生病的队员上场比赛。被替换下场的受伤或生病的队员不允许在本场比赛中再次上场比赛。

在任何情况下的一个特殊换人都不能作为正常换人被计入换人次数，但应该作为该局和该场比赛换人总数的一部分记录在记录表上。

54. 某队员被“判罚出场”或“取消比赛资格”时，怎样换人？

某队员被“判罚出场”或“取消比赛资格”时，必须进行合法换人。不能进行合法换人时，该队被宣布为“阵容不完整”。

55. 什么是“不合法的换人”？出现了“不合法的换人”怎样处理？

超出规则 15.6 所描述的两条换人限制（特殊替换的情况除外）和/或包含了未登记在记录表上的队员的换人是不合法的换人。

（1）如果某队请求不合法的替换，在请求时被第 2 裁判员和记录员发现错误，应被拒绝并进行延误判罚。

（2）某队进行了不合法的换人，且不合法的替换已成事实（未被第 2 裁判员和记录员发现）而且比赛已重新开始，应按如下步骤进行处理：

——判该队失 1 分，由对方发球；

——对不合法的换人给予纠正；

——取消该队在此犯规中所得的分数，对方的得分保留。

56. 换人的程序是什么？

换人必须在换人区内进行。换人时所持续的时间，仅限记录员登记和队员进出场必需的时间。换人时的程序：

（1）替补队员在比赛间断时只要进入了换人区，并且做好了比赛的一切准备，就是提出了实际的换人请求。除了是因为受伤或每一局开始前请求换人，教练员不需要做出换人手势；对于没有做好准备的请求应给予拒绝，并判为延误比赛。

（2）第 2 裁判员或记录员应该以哨声或蜂鸣器认可换人的请求，除非该换人被记录员指示为违规，第 2 裁判员要站在网柱和记录台之间发出信号（前臂交叉）示意队员穿过边线进行交换。国际排联、世界和正式比赛中，队员换人时须使用换人牌（包括使用电子换人屏时）。

（3）如果一个球队想要进行多人次换人，则所有替补队员都必须同时进入换人区以被作为同一个换人请求进行考虑。第 2 裁判员要等待记录员举起双手的手势，前一次换人被登记完毕后他/她将再进行下一组替换，一对一对地进行替换，直至所有换人按次序完成。

（4）如果在做出多人次换人请求时，任何替换运动员没有靠近换人区以准备好进入场地，那么他/她的换人应该被拒绝，但不进行判罚；如果其中一个替换是违规的，其他符合规定的换人将正常进行，不合法的替换将被拒绝并判延误。

（5）新换人方法的目的是使换人过程更加快速并保证比赛的流畅，从而使没做好准备被判延误的情况减至最低。掌握换人程序是第2裁判员和记录员的职责，如果没有看到替换队员进入换人区不用按响蜂鸣器或鸣哨（规则15.10.3和15.10.4），没有造成延误比赛的事实只是被第2裁判员拒绝，不进行判罚。

57. 什么情况为不符合规定的请求?

下列情况为不符合规定的请求：

（1）在比赛进行中或裁判员鸣哨允许发球的同时或之后提出请求。

（2）无请求权的成员提出请求。

（3）对于同一支球队在同一次间断中请求第二次换人，比赛中有受伤/生病队员的情况除外。

（4）超过规定的正常暂停或换人次数的请求。

比赛中第一次没有影响和延误比赛的不符合规定的请求，应给予拒绝，但是要记录在记录表上而不进行判罚。同一队比赛中再次提出不符合规定的请求都应判延误犯规。

比赛期间，第1裁判员须关注第2裁判员是否正确应用对“不符合规定的请求”的处理程序。

第2裁判员必须保证任何不符合规定的请求被登记在记录表上。

58. 比赛中运动员受伤时处理程序是什么?

比赛中出现严重受伤事故，处理程序应该是：

（1）裁判员应该立即中断比赛，允许医务人员进入场地，该球重新比赛。

（2）对受伤（生病）队员进行合法换人。

（3）如果该名队员不能进行正常换人，允许球队进行特殊换人，不受“换人的限制”约束，任何队员，除自由防守队员、第2自由防守队员或由他/她正常替换下场的队员外，都可以替换受伤或生病的队员上场。经特殊换人替换下场的队员，本场比赛不得再次上场。特殊换人不计入球队的常规换人次数。

（4）如果不能进行正常换人和特殊换人，则给予受伤队员3分钟的恢复时间。一场比赛同一名队员只能给予一次供恢复的时间。如果队员不能恢复，该队被宣布为阵容不完整。

59. 延误比赛的种类有哪些?

一个队拖延比赛继续进行的不当行为为延误比赛。如下列情况（不仅如下）：

（1）延误暂停和换人时间。

（2）在裁判员鸣哨恢复比赛后，拖延间断时间。

（3）请求不合法的换人。

（4）再次提出不符合规定的请求。

（5）球队成员拖延比赛的继续进行。

60. 什么是“延误警告”和“延误判罚”？处罚时应注意什么?

“延误警告”和“延误判罚”是对全队的延误比赛的处罚，对延误比赛的处罚针对全队而不只是个人。延误比赛的处罚对全场比赛有效，所有延误比赛的处罚都记录在记录表上。

在一场比赛中，对一个队的成员的第一次延误比赛，给予“延误警告”，用黄牌在手腕处出示延误警告，同时记录在记录表 W 的格中；在一场比赛中，同一队的任何成员造成不论任何类型的第二次以及其后的延误比赛，都应给予“延误判罚”，用红牌在手腕处出示延误判罚，失 1 分并由对方发球，同时记录在记录表 P 的格中；赛前和局间的延误比赛判罚记在下一局中。

裁判员应该避免运动队所有有意或无意的延误。例如一名运动员请求裁判员允许系紧鞋带借以延误比赛应判“延误”，第一次出现就应制止，及时判罚。延误主要发生在替换、暂停和擦拭地板时。

61. 擦地员的工作程序是什么?

擦拭地板由擦地员负责的主要目的是保证运动员的安全，同时保证比赛的流畅并且运动员不必自己擦拭地板。每边场地配备 4 名擦地员，总计 8 名，最好由有经验并经过培训的排球运动员担当。

擦拭设备包括：1 米宽的 6 块干净拖把，分为两组放置在准备活动区附近；8 条能吸水的手巾（最小 40 厘米 ×40 厘米，最大 80 厘米 ×40 厘米）；4 条（2 +2）放在记录台前，4 条（2 +2）放在准备活动区擦地员处。擦地员的位置设置：2 名快擦手位于第 2 裁判员位置后面，单跪并随时准备跑向湿滑处；6 名擦地员分坐在各方准备活动区附近（每方 1 名快擦手和 2 名普通擦地员)；擦地员应注意其位置，尽量不要遮挡场地外围的广告，尤其处于第1裁判员裁判台后面时。

对于如何进行场地的擦拭，为了保证比赛的连续性而不发生延误，国际排联做出下列决定：暂停、技术暂停和局间时，3名擦地员为一组迅速从准备区域携带拖把来到第2裁判员处按规定的标示线路擦拭各自的场区。

比赛中，快擦手要随时注意场地上出现的湿滑现象，如发现应举手示意并在裁判员鸣哨成死球时快速跑向湿滑地点进行擦拭（手持两块毛巾）。坐在第2裁判员后面的快擦手主要负责前场区，坐在准备活动区处的快擦手主要负责后场区。当场地上出现两处以上湿滑处时，前后两名快擦手要同时上场，并优先擦拭水多的地方。

擦拭完毕，快擦手要选择离开场地最短路线返回到他们的座位。一次快擦行动一般用时6~8秒，以尽量不延误发球为原则。一般情况下，裁判员不干涉擦地员的工作，但因为他们没有正确履行职责时，第1裁判员有权进行管理；运动员和教练员没有权利请求擦拭地板。

如果运动员用他们自己准备的小手巾擦拭地板，第1裁判员将不予等待，因此而产生的位置错误由运动员自己负责。

如果进攻区出现大片湿滑地面没有擦拭干净，临场技术代表有权停止比赛，并指示第2裁判员监督擦地员对危险区域进行擦拭。擦拭一经完成，擦地员快速回到他们的位置。

62. 比赛中出现外界干扰怎么处理?

比赛中出现任何外界干扰，都应停止比赛，该球重新比赛。

任何意外情况阻碍比赛继续进行时，第1裁判员、比赛组织者和管委会成员共同研究决定，采取措施恢复比赛。

（1）一次或数次间断时间累计不超过4小时。

如果比赛仍在同一块比赛场地上继续开始，间断的一局应保持原比分、原队员（被“判罚出场”或“取消比赛资格”的队员除外）和原场上位置继续正常进行。已结束的各局比分保留。

如果比赛改为其他场地进行，则间断的一局应取消，但保持该局开始时的阵容（被“判罚出场”或“取消比赛资格”的队员除外）和位置重新比赛，同时所有判罚的记录将被保留。已结束的各局比分保留。

（2）一次或数次间断时间累计超过了4小时，则整场比赛将要重新进行。

63. 局间休息与交换场区有何规定?

所有局间休息时长均为 3 分钟。局间休息用于交换场区和在记分表上登记球队的阵容。应比赛组织者的要求，第 2 局和第 3 局之间的休息时间可延长至 10 分钟。

每局结束后比赛队交换场区，决胜局除外。决胜局中某队获得 8 分时两队交换场区，不休息，队员在原来的位置继续比赛。如果未能及时交换场区，则应在此错误发现时立即交换，保留交换场区时两队已得的比分。

局间允许运动员在无障碍区使用非比赛用球进行活动。

局间，3 个比赛球由 2 号和 5 号捡球员掌握。他们无权把球给运动员进行准备活动。决胜局比赛开始由第 2 裁判员将球交给发球队员。暂停、替换以及决胜局 8 分交换场地时，第 2 裁判员不掌握球，由捡球员负责。

64. 怎么确定自由防守队员?

(1) 各队可以在记录表登记的队员中，确定 2 名队员为“自由防守队员”。国际排联、世界和正式比赛，如果记录表中队员人数超过 12 人，则名单中必须有 2 名自由人。

(2) 比赛前，所有自由防守队员都必须登记在记录表的专栏中。

(3) 自由防守队员在场上就是场上自由防守队员。如果一个队还有另外一名自由人，他将作为该球队的第 2 自由防守队员。

在任何时候场上只能有一名自由防守队员。

(4) 当一个队有两名自由防守队员时，最迟在教练员签字之前，将自由防守队员的名字登记在记分表的自由防守队员栏内，场上自由防守队员写在前面。

65. 自由防守队员的服装有何规定?

自由防守队员必须穿着指定的服装（或重新指定的自由防守队员专用背心），其主色调必须明显区别于该队其他队员的任何服装颜色。该指定服装必须明显区别于该队其他球员的服装。

国际排联、世界和正式比赛，如果在可能的情况下，被替换上的自由人穿着和最初自由人式样和颜色相同的服装，但保持他/她自己的号码。

66. 自由防守队员有哪些不可以做的行为?

（1）作为特殊的后排队员，他不可在任何的位置上（包括场区和无障碍区）对整个球体高于球网的球完成进攻性击球。

（2）他不可以发球、拦网和有拦网试图。

（3）如果他在本队的前场区运用了上手传球，则不允许其同伴在高于球网处完成对该球的进攻性击球。但他在其他区的传球无碍。

67. 自由防守队员的替换有次数的限制吗？随时都可以替换吗?

自由防守队员的替换不记在该队的换人次数之内，而且没有次数限制。但两次自由防守队员替换之间必须经过完整的比赛过程（完成一球），即为得了分的比赛过程（判罚造成了球员位置的轮转，同时自由人位置轮转到4号位，或由于实际自由人不能参加比赛而使得比赛未经过完整的比赛过程除外）。

68. 自由防守队员的替换方法是什么?

（1）自由防守队员的替换不记在该队的换人次数之内，而且没有次数限制。但两次自由防守队员替换之间必须经过完整的比赛过程——完成一球（判罚造成了球员位置的轮转，同时自由人位置轮转到4号位，或由于实际自由人不能参加比赛而使得比赛未经过完整的比赛过程除外）。

（2）合格的替换出场的队员可以替换和被任何一名自由防守队员替换。场上自由防守队员只能够被他替换出场的队员或第2自由防守队员替换。

比赛期间，两名自由防守队员可以在死球时自由替换，替换程序同自由防守队员与其他队员之间的替换。

（3）每一局比赛开始前，自由防守队员不能进入场地，直到第2裁判员核查完阵容并允许一名自由防守队员进场替换主力队员。

（4）替换必须在比赛成死球后，第1裁判员鸣哨允许发球前进行。

（5）裁判员鸣哨准许发球后，发球队员击球前，自由防守队员的替换应不被拒绝，但是，在该回合结束后，场上队长必须被告知这不是一种符合规则的做法，如果再次发生将按延误犯规判处。

（6）再次发生延迟的自由防守队员的替换将导致比赛被立即中止，该队应受到延误判罚，下一轮由哪一个队发球将取决于延误判罚的程度。

（7）自由防守队员与替换队员只能通过自由防守队员替换区进入或离开场地。

（8）所有自由防守队员的替换必须记录在自由防守队员控制表上（如果使用该表）或者记在电子记录表上。

69. 不合法的自由防守队员替换包括哪些情况？怎么处理？

不合法的自由防守队员替换包括以下情况（但不限于以下情况）：

——两次自由防守队员的替换之间没有经过完整的一回合比赛（完成一球）；

——自由防守队员被不是由合法替换出场的队员或第 2 自由防守队员替换。

一个不合法的自由防守队员的替换等同于不合法的换人。

如果不合法的自由防守队员的替换在下一回合发球之前被发现，那么该违规会被裁判员纠正（辅助记录员在自由防守队员替换犯规后要立即通知，无须等待发球击球之后），同时该队会受到延误判罚；如果不合法的自由防守队员的替换在发球之后被发现，判罚结果等同于不合法的换人。

某队进行了不合法的换人，且不合法的替换已成事实（未被第 2 裁判员和记录员发现）而且比赛已重新开始，应按如下步骤进行处理：

——判该队失 1 分，由对方发球；

——对不合法的换人给予纠正；

——取消该队在此犯规中所得的分数。对方的得分保留。

70. 一个队有一名自由防守队员不能参加比赛时，怎样指定新自由防守队员？

（1）当一个队仅有一个自由防守队员可用或该队只登记了一名自由防守队员时，该自由防守队员由于受伤、生病、判罚出场或取消比赛资格不能参加比赛，主教练（或主教练缺席时的场上队长）可以重新指定当时不在场上的任何一名队员（场上自由防守队员替换的人除外）作为新的自由防守队员。

（2）如果场上自由防守队员不能参加比赛，他/她可以被合法替换下去的队员替换，或马上在场上被重新指定的自由防守队员替换上场。但是，一名被重新指定的自由防守队员所换下的自由防守队员不能再次上场比赛。

如果自由防守队员在场下被宣布无法进行比赛，他/她同样可以被重新指定的自由防守队员替换掉。被宣布无法进行比赛的自由防守队员不能再次上场比赛。

（3）发生替换新的自由防守队员时，主教练或主教练缺席时场上队长需将该重新指定的信息告知第 2 裁判员。

（4）重新指定的自由防守队员不能或被宣布无法参加比赛时，还可以再次指定新的自由防守队员。

（5）如果主教练要求队长被指定为新自由防守队员，这是被允许的，但是该队长在这种情况下必须放弃其所有队长的职责。

（6）在自由防守队员被重新指定的情况下，新指定的自由防守队员的号码必须记在记分表的备注栏和自由防守队员控制表内（如果使用了电子记录表，其号码也必须记录在电子记录表内）。

（7）一名被替换的受伤自由防守队员重返赛场继续比赛，须得到管理委员会的批准。

71. 一个队有两名自由防守队员，一名不能参加比赛时，怎样指定新自由防守队员？

在一个队已经在记录表上登记了两名自由防守队员的情况下，当其中一名自由防守队员不能参加比赛时，该队有权利只用一名自由防守队员。

除非余下这名自由防守队员不能继续参加比赛，不允许重新指定新的自由防守队员。

72. 一个队自由防守队员被判罚出场或取消比赛资格，怎样指定新自由防守队员？特殊替换与替换受伤自由防守队员之间有何区别？

如果该自由防守队员被判罚出场或取消比赛资格，他/她必须立即由该队第 2 自由防守队员替换。如果该队只有一名自由防守队员，那么该队将有权重新指定新的自由防守队员。

特殊替换与替换受伤自由防守队员之间的区别：一名运动员受伤时如果不能进行正常换人，可以由当时在场外的任何运动员对其进行特殊替换（除自由防守队员和被他替换下场的运动员）。

任命新自由防守队员：任命时未在场上的队员都有资格被任命为新自由

防守队员（被场上自由防守队员替换下场的运动员和已经不能参赛的自由防守队员除外）。实际上，教练员可以自行决定是否任命一个新自由防守队员替换受伤自由防守队员。

73. 对排球比赛参加者有什么行为要求？

参加者应该认真学习规则，明白规则的条文、精神和不良行为的不同等级。

（1）体育道德：参赛者必须了解并遵守规则。参赛者应该举止文明、彬彬有礼，必须以良好的体育道德作风服从裁判员的裁定，不允许争辩。如果有疑问，可以并只能通过场上队长提请解释。参赛者不得有任何目的在于影响裁判员判断或掩盖本队犯规的动作和行为的表现。

（2）公正竞赛：参赛者的行为必须符合“公正竞赛”的精神，不仅对裁判员，而且对其他工作人员、对方、本方以及观众都要尊重、有礼貌。比赛中，本队成员之间的交流是允许的。

74. 不进行判罚和给予判罚的不良行为有哪些？

对轻微的不良行为不进行判罚，第 1 裁判员有职责防止运动队出现接近可给予判罚标准的不良行为。这种预防手段可通过两个阶段进行：第一阶段是通过场上队长给予口头警告（不出示红黄牌，也不用记录在记录表上）；第二阶段是给予相关球队的成员黄牌警告，这个正式的警告不是一种处罚行为，但是象征队的成员（或相关的队）已经达到了比赛的处罚标准，该警告会记录在记录表上，不判罚。

球队成员对裁判员、对方、同伴或观众的不良行为受到的判罚，按程度分为三类。

（1）粗鲁行为，即为违背道德准则或文明规范的举止。

（2）冒犯行为，即为诽谤或侮辱的言语或形态，或有任何轻蔑的表示。

（3）侵犯行为，即人身攻击、侵犯或威吓行为。

75. 对不良行为的处罚等级如何划分？

不良行为的判罚是针对个人的，对全场比赛有效，记录在记录表上。同一成员在同一场比赛中重犯不良行为时，按判罚等级加一级判罚（该成员接受的判罚要重于前一次）。对冒犯行为或侵犯行为的判罚出场或取消比赛资格，无须有先一次的判罚，将被给予严重判罚。

第1裁判员根据不良行为的程度给予处罚的等级分为：判罚、判罚出场和取消比赛资格。判罚须登记在记录表上，相同的不良行为如果再次发生将导致升级处罚。

当第1裁判员进行红牌判罚时，判对方得分并发球。此判罚用于全场比赛中任何成员的粗鲁行为。

当第1裁判员进行红牌＋黄牌（同持于一手）判罚时，为判罚出场。任何成员被判罚出场都必须坐在判罚区域内，不得继续参加该局的比赛，没有另外的判罚。教练员被判罚出场坐在判罚区域内，失去该局的指挥权利。某成员第一次出现冒犯行为，判罚出场，无其他判罚；同一成员在一场比赛中出现第二次粗鲁行为，判罚出场，无其他判罚。

当第1裁判员进行红牌＋黄牌（分别持于不同的手）判罚时为取消比赛资格。任何成员被取消比赛资格必须离开比赛控制区域，不得继续参加该场的比赛，没有另外的判处。某成员第一次出现侵犯行为即被取消比赛资格，无其他判罚；同一成员一场比赛中出现第二次冒犯行为，取消比赛资格，无其他判罚；同一成员一场比赛中出现第三次粗鲁行为，取消比赛资格，无其他判罚。

任何赛前与局间的不良行为，都应按上述规则进行判罚，并记录在下一局中。

76. 不良行为的判罚牌分为哪几种？

（1）警告：无判罚——第一阶段 口头警告

第二阶段 判罚——黄牌

（2）判罚：判罚——红牌

（3）判罚出场：判罚——红牌＋黄牌（同持一手）

（4）取消比赛资格：判罚——红牌＋黄牌（分别持于不同的手）

77. 不良行为（红黄牌）的判罚程序是什么？

对于运动队成员各种不良行为的处罚，由第1裁判员做出决定。

（1）如果场上成员出现不良行为

第1裁判员必须鸣哨（一般在死球时，对于严重不良行为尽快宣判），将犯规队员召唤到裁判台前。当运动员接近时，第1裁判员酌情出示红、黄牌并告知：给予判罚、判罚出场或取消比赛资格。

第2裁判员获悉后要立即指示记录员将判罚在记录表上进行登记。

如果记录员认为判罚没有按规则规定的等级进行，应立刻通知第2裁判员，第2裁判员核实后应告知第1裁判员予以改正。如果第1裁判员不接受记录员和第2裁判员的忠告进行改正，记录员必须将情况在记录表的备注栏中注明。

（2）被判罚的成员不在场上时

第1裁判员首先鸣哨，用英语将队长召唤到裁判台前，同时出示适当的红、黄牌，告知给予某运动员（或教练等）判罚、判罚出场或取消比赛资格。队长应返回球队席告知该成员站起来举手示意。

当该成员举手示意时，第1裁判员要清楚地展示红黄牌，让运动队、第2裁判员、记录员和观众知晓。

（3）间断时的处罚

如果判罚发生在局间，第1裁判员应该在下一局比赛开始时出示红牌。如果发生在技术暂停期间，电子屏操作员应在技术暂停后修改屏幕上的比分。

如果在局间给予某名运动员判罚出场或取消比赛资格的处罚，第1裁判员应该在该局比赛开始前请队长通知教练员（避免运动队被双重处罚）并出示相应的红黄牌（红牌、黄牌同持于一手或两手分持红牌和黄牌）。

比赛期间，裁判员一定要注意严肃赛场纪律，当各种不良行为发生时坚决予以判罚。但裁判员被提醒要注意判罚的时机和尺度，不能对任何小的过失吹毛求疵。所有裁判员、运动员和教练员都要清楚不良行为与延误比赛以及它们手势之间的区别。

78. 一场比赛的裁判员由哪些人员组成？他们的位置在哪里？

一场比赛的裁判员由以下人员组成：第1裁判员、第2裁判员、记录员、4名（或2名）司线员。国际排联、世界和正式比赛另设1名辅助记录员。他们的位置如下。

（1）第1裁判员坐或站在记录台对面的球网一端的裁判台上执行其职责，他的视线水平必须在高出球网上沿50厘米的高度。

（2）第2裁判员站在第1裁判员对面，比赛场区外的网柱附近，面对第1裁判员执行其职责。

（3）记录员坐在第1裁判员对面的记录台处，面对第1裁判员执行职责。

（4）辅助记录员坐在记录台前记录员的身旁执行职责。

（5）如果是两名司线员，其位置应该站在每名裁判员右手的场区角端，距场角1~2米。他们各自负责自己一侧的端线和边线。

国际排联、世界和正式比赛必须设4名司线员。他们站在无障碍区距场角1~3米的位置上，各负责一条界线。

79. 如果是第1裁判员鸣哨中止比赛，裁判员的手势程序是什么？

如果是第1裁判员鸣哨中止比赛，他应指出：

——应发球的队；

——犯规的性质；

——犯规的队员（必要时）。

80. 如果是第2裁判员鸣哨中止比赛，裁判员的手势程序是什么？如果是双方犯规，裁判员的手势程序是什么？

如果是第2裁判员鸣哨中止比赛，他应指出：

——犯规的性质；

——犯规的队员（必要时）；

——跟随第 1 裁判员指出发球队。

第 1 裁判员不用出示犯规性质和指出犯规队员，只指出发球队。

如果是双方犯规，他们都要按顺序指出：

——犯规的性质；

——犯规的队员（必要时）；

——应发球的队（由第 1 裁判员示意）。

81. 比赛中裁判员哨音手势应注意什么?

（1）比赛进行中只有第 1 裁判员和第 2 裁判员可以鸣哨。

——第 1 裁判员鸣哨发球开始比赛。

——第 1 裁判员和第 2 裁判员确认犯规发生并判明其性质，鸣哨中止比赛。

——当裁判员鸣哨终止比赛时：

·他们认定有犯规行为或比赛确实受到外来干扰。

·他们明确了犯规的性质。

（2）在比赛中断期间，裁判员可以鸣哨表示同意或拒绝某队的请求。

（3）裁判员鸣哨中止比赛后，应立即以法定手势表明。当裁判员鸣哨准确判断一个犯规发生时（为观众，电视观众等），必须用规则规定的手势宣布犯规的种类（见规则 22.2 和 28.1）。只有规则规定的手势才被允许使用，不能出示其他手势（国家或个人手势或执行习惯的手势和行为举止）。

82. 第 1 裁判员都有哪些权力?

（1）他自始至终领导该场比赛，对所有裁判员和队的成员行使权力；比赛中，他的判定是最终判定。如果发现其他裁判员的错误，他有权改判；他甚至可以撤换不称职的裁判员。

（2）他同样掌管捡球员和擦地员的工作。

（3）他有权决定涉及比赛的一切问题，包括规则中没有规定的问题。

（4）他不允许对其判定进行任何讨论。但当场上队长提出请求时，他应对判定所依据的规则和规则的执行给予解释。如果场上队长不同意他的解释，并立即声明保留比赛结束后将抗议写在记分表上的权力时，他必须准许。

（5）比赛前和比赛中，他负责决定赛场条件是否符合比赛要求。

83. 第1裁判员都有哪些职责?

（1）比赛前，第1裁判员应检查场地、器材和比赛用球，主持双方队长的抽签，掌握两队的准备活动。

（2）比赛中，第1裁判员有权向球队提出警告，对不良行为和延误比赛进行判罚，做出以下判定：

①发球犯规和发球队位置错误，包括发球掩护；

②比赛击球的犯规；

③高于球网的犯规，进攻队员触网犯规；

④后排队员或自由防守队员的进攻性击球犯规；

⑤自由防守队员在其前场及延长区进行上手传球后，其同伴在球高于球网处完成进攻性击球犯规；

⑥球的整体从网下穿越；

⑦后排队员完成拦网，或自由防守队员试图拦网；

⑧球的整体或部分从他/她一侧过网区以外进入对方场地或触及了标志杆；

⑨发球或者第三次击球，球从他/她一侧的标志杆上或外通过。

（3）比赛后，检查记录表并签字。

84. 第1裁判员在行使权力和职责时，怎么与裁判组其他成员进行配合?

（1）第1裁判员必须站立执法，在比赛过程中必须保持与其他裁判员的合作（第2裁判员、记录员、司线员）并赋予他们在其职责范围内工作的权利。

例如：在鸣哨成死球时，第 1 裁判员应迅速环视其他裁判员，再用规定手势做出最终判定。

——当球击在界线附近时，第 1 裁判员永远要先观察相关司线员的旗示。（虽然第 1 裁判员有监督和必要时更改其他裁判员判断的权利，但他/她不是司线员。）

——比赛期间，第 1 裁判员须时常观察第 2 裁判员（尽量在每次死球后和发球鸣哨前，第 2 裁判员在第 1 裁判员需要的时候可以做出四次球、连击等方面的提示。）

（2）对触手出界的判断主要由第 1 裁判员和司线员负责，第 1 裁判员应观察裁判组其他成员再做出最终判断并做出手势（绝不能询问运动员球是否触手出界）。

（3）他/她应保证第 2 裁判员和记录员有足够的时间完成其管理和登记工作，例如，确保记录员有充足的时间检查替换请求的合法性并进行登记。如果第 1 裁判员没有给他的同事充分的时间完成他们的工作，记录员和第 2 裁判员将无法跟随下面的比赛而造成错误。如发生此类情况，第 2 裁判员须鸣哨停止比赛。

（4）第 1 裁判员可以改变他自己或其他裁判员的判定。如果已做出判定（鸣哨）之后看到其他裁判员（第 2 裁判员、司线员或记录员）有不同的判定：

——如果确定自己是正确的，就坚持判定；

——如果意识到自己错了，就改变判定；

——如果他认为是双方犯规，应做重新比赛的判定；

——如果认为第 2 裁判员的判定是错误的，可以改判。例如，第 2 裁判员判断一个接发球位置错误，经过队长的申辩，第 1 裁判员认为这个判定不正确，可以改判并重赛。

（5）如果第 1 裁判员发现某裁判员不能胜任其工作，须将其撤换。

（6）只有第 1 裁判员有权对不良行为和延误进行判罚，而第 2 裁判员、记录员和司线员没有这种权利。如果其他裁判员发现不符合规则的行为，他们应该向第 1 裁判员示意并上前据实报告，由第 1 裁判员决定是否处罚。

（7）比赛后，第 1 裁判员检查记录表并签字。

85. 第2裁判员有哪些权力?

（1）第2裁判员是第1裁判员的助手，但是他也有自己的权限。当第1裁判员不能继续工作时，他可以代替第1裁判员执行工作。

（2）他可以用手势指出他权限以外的犯规，但不得鸣哨，也不得对第1裁判员坚持自己的判断。

（3）他掌管记录员的工作。

（4）他监督坐在球队席上的球队成员，并将他们的不良行为报告第1裁判员。

（5）他掌管准备活动区域中的队员。

（6）他允许比赛间断的请求，掌握间断时间和拒绝不符合规定的请求。

（7）他掌握各队暂停和换人的次数，并将第2次暂停和第5次、第6次换人告诉第1裁判员和有关教练员。

（8）发现队员受伤，他可以允许特殊换人，或给予3分钟的恢复时间。

（9）他检查比赛场地的条件，主要是前场区。比赛中他还要检查球是否符合比赛要求。

（10）监督判罚区域中受判罚的队的成员，并将其不良行为报告给第1裁判员。

国际排联、世界和正式比赛中，替补裁判员负责执行（5）和（10）。

86. 第2裁判员有哪些职责?

在每局开始、决胜局交换场区，以及任何必要的时候，检查场上队员的站位是否与位置表相符。

在比赛中第 2 裁判员对以下犯规作出判断，鸣哨并做出手势：

（1）网下穿越进入对方场区和空间。

（2）接发球队位置错误。

（3）拦网队员触网犯规和触及其同侧球场的标志杆。

（4）后排队员完成拦网和自由防守队员试图拦网犯规；后排队员或自由防守队员进攻性击球犯规。

（5）球触及场外物体。

（6）第 1 裁判员难以观察时，球触及地面。

（7）球的整体或部分从过网区以外过网，飞入对方场区，或触及他一侧的标志杆。

（8）某方队员发球或者第三次击球，球从他一侧的标志杆上方或外面通过。

比赛结束后第 2 裁判员检查记录表并签字。

87. 第 2 裁判员在行使权力和职责时应该注意哪些问题?

（1）第 2 裁判员必须具备与第 1 裁判员相同的技能，可以在第 1 裁判员不能继续履行职责的情况下接替其工作。

（2）第 2 裁判员应认真履行规则赋予的责任，发现其职责内的犯规必须鸣哨判罚（规则 24. 3. 2）。

（3）在网附近的来回球中，第 2 裁判员专注于拦网一方的触网犯规，所有过中线犯规，以及拦网一方其他违规行为（接发球一方）。

须注意规则的改变，触网不一定犯规，只有队员在击球时干扰了比赛的触网才是犯规。

（4）第 2 裁判员应随时注意比赛前和比赛中运动员的位置与位置表相一致。必要时记录员辅助第 2 裁判员提示哪一名队员该轮转到 1 号位进行发球。比赛开始时，第 2 裁判员要以位置表为依据，与记录员一起对运动员的站位仔细核实，随后比赛运动员的位置将以位置表标明的位置为基础顺时针轮转。当检查场上位置时，第 2 裁判员应该分别面向球网方站立于左侧的 2 号位和右侧的 4 号位，与记录员配合，从 1 号位开始检查场上队员的站位是否和位置表一致。他不能用口头或手势纠正运动员应该站在哪个位置，当发现场上站位和位置表不一致时，只能通过告诉场上队长或教练员进行纠正。

（5）第 2 裁判员必须注意，无障碍区必须无障碍，能引起运动员伤害的物品都要清理干净（如水瓶、医药箱、换人牌等）。

（6）暂停和技术暂停时，第 2 裁判员不能无所事事，要按照程序工作。

（7）比赛结束后第2裁判员检查记录表并签字。

88. 暂停和技术暂停时，第2裁判员的工作程序是什么？

暂停和技术暂停时，第2裁判员不能无所事事，要按照程序工作：

——确认擦地员已经正确工作；

——确定运动员回到球队席附近；

——接近记录员并检查其工作；

——向助理记录员获取自由防守队员位置情况；

——再次检查擦地员的工作；

——如果需要，向第1裁判员收集或者提供信息；

——制止暂停结束前运动队提前回到场地里，以及指出后排自由防守运动员在替补席上就进行了替换的“隐形替换”。

89. 替补裁判员的职责有哪些？

（1）在第2裁判员不能工作或第2裁判员替代第1裁判员工作时，承担第2裁判员工作任务。

（2）比赛前和局间管理换人牌。

（3）比赛前和局间检查蜂鸣器，出现问题联系解决。

（4）协助第2裁判员管理无障碍区和判罚区。

（5）注意准备活动区和队员席上运动员的行为。

（6）在赛前仪式介绍双方运动队后交给第2裁判员4个比赛球。

（7）比赛前，待第2裁判员核对位置后，再交给第2裁判员一个比赛球。

（8）协助第2裁判员指导擦地员的工作。

90. 记录员的职责是什么？

根据规则与第2裁判员配合填写记录表。

通过蜂鸣器或其他声响通知裁判员以履行职责。

记录员在比赛前和每局前，按照规定程序登记有关比赛和比赛队的情况，包括自由防守队员的姓名、号码，并获取双方队长和教练员的签字；根据位置表登记各队的开始阵容（或者检查电子系统提供的数据）。如果没有按时接到位置表，应立即通知第2裁判员。

记录员在比赛中：

（1）记录得分。

（2）掌握各队的发球次序，发现发球次序错误应在发球后立即通知裁判员。

(3) 以蜂鸣器认可换人的请求，掌握并登记暂停和换人的次数，并通知第 2 裁判员。

(4) 对违背规则的间断请求要通知裁判员。

(5) 每局结束及决胜局 8 分时，告知裁判员。

(6) 记录各种判罚和不符合规定的请求。

(7) 在第 2 裁判员指导下登记其他事件，如特殊换人、恢复时间、被拖延的间断、外因造成的间断、重新指定自由人等。

(8) 掌握局间休息。

记录员在比赛结束后：

(1) 登记最终结果。

(2) 如果有提出抗议的情况并已得到第 1 裁判员的同意，亲自或允许队长将有关抗议的内容写在记录表上。

(3) 在取得双方队长和裁判员的签字之前，他先在记录表上签字。

91. 记录员在换人期间的工作程序是什么?

换人期间记录员一定精神集中并注意与第 2 裁判员默契配合。

(1) 当第 2 裁判员听到换人信号时，马上到网柱与记录台之间的位置，在那能同时看到替换队员和记录员。替补队员手持换人牌到边线处准备替换，除非记录员指出替换是不合法的，第 2 裁判员应做双臂交叉的手势让替换进行。

(2) 然后等待记录员进行登记工作。当第 2 裁判员看到记录员登记完毕的手势后，应回到网柱附近向第 1 裁判员双手示意，开始下一比赛过程。当队员发球时，记录员一定注意发球轮次是否正确，如果发球轮次错误，应在发球之后立即按响蜂鸣器停止比赛。第 2 裁判员此时必须到记录台检查记录员的判断是否正确，然后将正确发球轮次通知运动队和第 1 裁判员。

(3) 某队换人时，记录员必须查看替补队员运动服上显示的号码和手中换人牌所显示的号码，然后立即与记录表进行核对。如果发现请求不合法，则立刻按响蜂鸣器并摇动一只手表示“替换的请求是违法的”。遇此情况，第 2 裁判员要立刻进行核对。如果确认，替换请求将被第 2 裁判员拒绝。第 1 裁判员则鸣哨判该队延误。记录员按延误种类进行登记，第 2 裁判员必须对记录进行检查。

(4) 比赛中出现多人次换人时，记录员必须使用相同的程序进行每个替换，逐个观察替换队员和下场运动员的号码，替换过程要逐一进行，如果换人为合法，登记完毕举两只手示意。

(5) 有关判罚的登记只能在第2裁判员的指导下进行。

(6) 运动员受伤后不论正常换人还是特殊换人，都要登记在备注栏内，同时注明该队员的号码和受伤时的局、分。

92. 辅助记录员的职责是什么?

记录有关自由防守队员的替换，协助记录员工作，记录员不能继续工作时将替代记录员。

比赛和每局开始前，助理记录员：

(1) 准备好自由防守队员替换表。

(2) 准备好备用记录表。

比赛中，辅助记录员：

(1) 详细记录自由防守队员的替换（R-6）和重新指定自由防守队员。

(2) 发现任何有关自由防守队员替换的犯规，用蜂鸣器通知裁判员。

(3) 掌握技术暂停开始和结束的时间，使用蜂鸣器宣布技术暂停的开始和结束。

(4) 操作记录台上的手动记分牌。

(5) 监督记分牌的正确显示。

(6) 必要时填写好备用记录表的有关内容，交给记录员。

(7) 暂停和技术暂停时，用手势通知第2裁判员自由防守队员在场上或是场下，一只手表示一支球队。

(8) 每局比赛结束后，立即以书面形式向值班技术代表报告该局所用时间。

(9) 需要时，协助记录员按响蜂鸣器提示替换请求。

比赛结束后，辅助记录员：

(1) 在自由防守队员替换表上签字备查。

(2) 在记录表上签字。

国际排联、世界和正式比赛使用电子记录表，辅助记录员此时负责换人时的比分宣告、通知第2裁判员运动队比赛间断的请求，以及鉴别自由防守队员的替换。

93. 司线员的职责是什么?

(1) 持旗（40厘米×40厘米）按照规则规定的旗示执行职责：

——当球落在他所负责的线的附近时，示以“界内”或“界外”；

——触及接球人身体后出界的球，示以“触手出界”；
——示意球触及标志杆、发球后球从过网区外过网等；
——示意发球击球时队员（发球队员除外）脚踏出场区之外；
——发球队员脚的犯规；
——队员击球时或干扰比赛的情况下，触及他一侧的标志杆；
——球从标志杆外过网并进入对方场区，或触及他一侧的标志杆。

（2）在第1裁判员的询问时，他必须重复其旗示。

94. 司线员在执行职责时应该注意什么?

（1）司线员的工作非常重要，尤其在高水平的国际大赛期间。所有候补国际裁判员和国际裁判员必须熟悉司线员工作，避免在国际比赛中担任司线员时不胜其任。

（2）组委会要提供统一司线旗。在国际排联、世界和正式比赛中其颜色要与地面颜色有明显区别，颜色为红色或黄色。

（3）司线员

——比赛前45分钟，司线员要统一着装出现在场地或酒精测试室（国际排联规定）。

——无论比赛使用4名还是2名司线员，自己都能胜任工作。

——要求司线员对其负责线上的每次落球都出示旗示，同时要观察发球队员的越线犯规。

——如果球触标志杆，或在其上、其外进入对方场区，最靠近球飞行路线的司线员必须摇旗示意。

——旗示必须清晰果断，不能使第1裁判员产生疑惑。

（4）司线员应在死球时放松自己。

（5）在暂停和技术暂停时，司线员应离开其场内的位置，站到各自的比赛场地的角落处。

95. 手势和旗示应该注意哪些问题?

（1）裁判员必须以法定手势（避免使用其他手势）指出鸣哨的原因（犯规的性质或准许的比赛间断目的等）。手势应有短时间的展示。如果是单手做手势，应用与犯规队或请求队同侧的手表示。

（2）司线员必须用法定的旗示指出犯规的性质，并有短时间的展示。

（3）当第2裁判员鸣哨判罚犯规时（例如触网），一定要注意手的方向与犯规队一致，左方的运动员触网出左手示意，右方的运动员触网出右手示意。

触网如此，其他的犯规也是如此，不可大意。另外出示手势前，第2裁判员要移动到犯规队一方。

（4）裁判员鸣哨必须及时，手势也要坚决果断，其中有两点必须注意：

——裁判员的判断决不能受观众及运动员的干扰和影响；

——当裁判员自己意识到或经别的裁判组成员提醒认识到判断错误时，要立即对错误进行纠正。

（5）如果自由防守队员在前场区进行上手传球并由其同伴完成进攻性击球时，应判自由防守队员犯规，出示后排队员进攻性击球犯规的手势。

（6）司线员旗示所展示的信息对参赛者和观众而言非常重要。第1裁判员一定要非常关注，当司线员的判断错误时，第1裁判员可以进行纠正。

高水平国际比赛时，球速有时可以达到每小时100～120公里，因此司线员要时刻关注球的移动线路，尤其关注有无触手出界发生。

（7）如果在第3次击球后球没有越过网的垂直面：

——如果是最后一次击球的同一运动员再次触球，裁判员手势为连击；

——如果是另外一名运动员触球，裁判员手势为四次击球。

（8）裁判员和司线员应该正确使用“界外球”和“触手出界”的手势和旗示。

96. 裁判员和司线员怎样正确使用“界外球”和“触手出界”的手势和旗示?

裁判员和司线员应该注意正确使用“界外球”和“触手出界”的手势和旗示：

——当一个进攻性击球或对方拦网把球直接击出界外时，应出示“界外”的手势或旗示；

——如果一个进攻性击球在出界前触及了拦网队员或后排防守队员并从该队一侧出界，应出示“触手出界”的手势和旗示；

——如果一个球被再次击打后仍被击到该队界外，手势和旗示应为“触手出界”；

——如果一个进攻性击球打在网纲上并未触及拦网队员反弹回本方界外，应出示“界外”的手势。随之手要指向该进攻队员，使所有人都清楚是该名运动员把球打到了界外。相同的情形中，球触及网纲的同时触及了拦网队员的手，而后从扣球一方出界，手势也应是“界外”，但这时裁判员要用手指出拦网队员。

97. 召开临场裁定会议的目的和程序是什么?

正式国际比赛期间，在临场仲裁委员会主席的要求下，可以召开临场裁定会议。

目的:

临场裁定会议主要目的是解决比赛中发生的有悖比赛规则和规程的问题。

程序:

(1) 临场裁定会议的请求。

当比赛中任何时间出现违反规则或规程的情况时，教练员和管委会成员都可以向临场仲裁委员会主席请求召开临场裁定会议。

如下列情况:

——裁判员未遵守规则做出了错误判定，而且没有意识到其错误将带来的严重后果。

——当记录员对运动员的轮转错误发生误判或公布的比分错误。

(2) 错误判定的例子。

裁判员对场上不良行为的判罚不符合规则的规定。如一名教练员的不良行为受到红牌判罚，当再次出现不良行为时却没有被判罚出场。

(3) 同意请求。

当临场仲裁委员会主席经过认真考虑确信申诉成立时，应召开临场裁定会议。

(4) 参加人员。

——当申诉的内容涉及裁判员时，临场仲裁委员会主席应招集临场裁判员代表和第1裁判员参加。

——当申诉的内容涉及记录员时，临场仲裁委员会主席请临场裁判员代表询问记录员，记录员不能参加会议。

——临场裁定会议不允许其他人员介入，但如果必要，临场仲裁委员会主席可广泛取证。

(5) 中止比赛。

临场仲裁委员会主席确定召开临场裁定会议时需暂时中止比赛:

——第1裁判员通知运动队暂回球队席，但不得离开赛场。

——展开询问和调查。

(6) 如申诉涉及裁判员的判断，临场仲裁委员会主席应请裁判员按规则对做出的判罚进行解释。

临场仲裁委员会主席与裁判员代表将依据规则进行商讨，然后决定：拒绝申诉或更正裁判员的决定。

（7）如申诉涉及记录员工作，临场仲裁委员会主席应仔细核查记录表，弄清申诉的原因，必要时听取 VIS 主任的意见。

临场仲裁委员会主席可以向所有工作人员咨询，甚至调取录像。

当确信记录有误时，记录表将被修改，比分将被更正。

（8）如申诉的内容在规则中未有明确表述，临场仲裁委员会主席应在听取其他委员的意见后进行裁决。

（9）恢复比赛：

——临场裁定的结果要通知到裁判员、记录员、运动队和观众。

——如果申诉被驳回，应按中断前的比分和位置继续比赛。

——如果申诉是正确的，应按正确的结果（如比分或位置）恢复比赛。

98. 优秀裁判员要具备哪些素质？

优秀裁判员要具备以下素质：

（1）判断准确。

（2）了解规则精神。

（3）高效的组织能力。

（4）把握比赛流畅进行。

（5）教育不文明和处罚违背公正的行为。

（6）让观众融入比赛，参与互动，让运动员发挥最好的水平，娱乐大众。

99. 排球比赛中优秀裁判员的作用（立足点）是什么？

优秀裁判员的立足点是执法的公正、统一：

—— 对所有参赛者的公正统一；

—— 被观众认可的公正统一。

100. 专用名词解释

（1）比赛控制区域：比赛控制区域是围绕比赛场区和无障碍区的走廊，包含广告牌或挡板以外的空间。

（2）区：区是比赛场地中（比赛场区和无障碍区）的不同部分，在规则赋予其特殊定义（或特殊限制）。区包括前场区、发球区、换人区、无障碍区、后场区和自由防守队员替换区。

（3）区域：区域是无障碍区以外部分地域，规则中赋予特殊功能。区域包括比赛控制区域、准备活动区域和判罚区域。

（4）网下空间：球网以下、地面以上、两根球柱之间的空间。

（5）过网区：球网的上沿、两根标志杆及其延长线和天花板围成的区域。球必须通过过网区进入对方场区。

（6）过网区界限：球网的上沿、两根标志杆及其延长线、天花板。

（7）非过网区：除过网区和网下空间之外的球网垂直空间。

（8）换人区：进行换人的那部分无障碍区。

（9）FIVB 特许：在特定的条件下 FIVB 安排试用一些特殊器材、设备，目的在于改善比赛条件或推动排球运动发展。

（10）FIVB 标准：FIVB 对器材、设备生产厂家提出的技术规格和要求。

（11）判罚区域：设在无障碍区外两条端线延长线后的比赛控制区域内，距球队席至少 1.5 米。

（12）犯规：违反规则的比赛行为和违反规则的非比赛行为。

（13）摆弄球：球在手中或两手之间被倒动、旋转等（目的在于准备抛或发球）。

（14）技术暂停：技术暂停是在正常暂停之外增加的强制性暂停，用于解说排球和增加商机推动排球运动的发展，在国际排联、世界和正式比赛中强制使用。

（15）捡球员和擦地员：捡球员在比赛成死球时，捡球供给发球队员，保证比赛流畅进行；擦地员的职责是时刻保证比赛场地的整洁和干燥。擦地员在比赛前、局间和任何需要的死球期间进行地面擦拭。

（16）每球得分制：每胜一球都得分的计分体系。

（17）局间：两局之间的时间，第 5 局（决胜局）交换场区不能算作局间。

（18）场外物体：比赛场地之外或接近无障碍空间，并对球的飞行造成障碍的物体或人，例如顶灯、裁判椅、电视设备、记分台、网柱等。场外物体不包括标志杆，标志杆是球网的一部分。

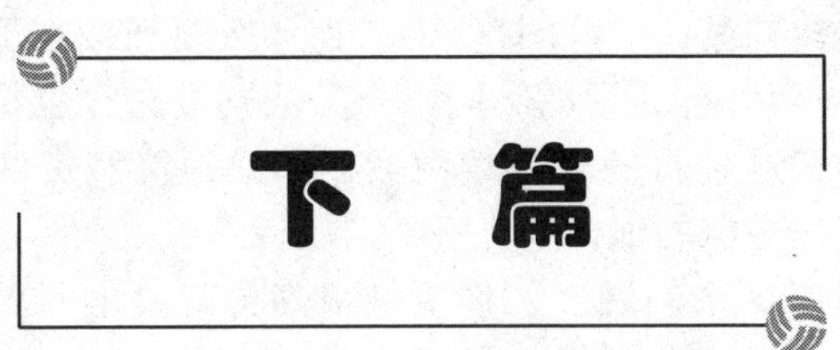

下篇

排球裁判专题讲座

专题一：排球裁判员应具备的素质和职业道德

作为一名排球裁判员，应该问自己：“为什么要当裁判员？当裁判员的目的是什么?”出发点不一样，目的不同，今后裁判员路程也将会不同。如果抱着好奇、好玩、虚名这种目的来当裁判员，那就是浪费资源、浪费时间，因为裁判员这条路不是想象的那样风光。

裁判员应该思考3个问题：①你要做裁判员就要争取做一名优秀的裁判员；②优秀的裁判员是要通过勤奋和努力才能实现的；③抓住机遇，把握自己，成为一名优秀的裁判员。什么是优秀裁判员？思想品德优秀，业务水平精湛，得到领导、专家、同行的共同认可。优秀的裁判员的品行是始终一贯的，而不是昙花一现的。

目前，在中国排球协会注册的国家级以上裁判员约400人，2011—2012赛季中国排球联赛排管中心公布了170人的联赛裁判员名单，执哨裁判员为76人（2009—2010年联赛裁判员有133人，执哨裁判员有55人），其中国际裁判15人，排协级裁判10人，能担任重要场次和关键场次裁判员的也就是40～50人，这个人数是远远不够的。随着我国经济实力的不断增强，国际地位的不断提升，继2008年我国成功举办奥运会后，2010年承办了亚运会，2011年承办了世界大运会，办赛能力和裁判水平得到广泛好评和国际公认。今后我国承接国际大型赛事的机会越来越多，国内的各种比赛也明显增多，特别是全运会增设小年龄组别后，重要的比赛赛事显著增加。我们需要扩大排球裁判员队伍，需要培养一大批思想素质高、业务水平好的年轻裁判员，这是排球事业发展的需要，是贯彻落实科学发展观的具体体现。近儿年来，在排管中心张蓉芳书记领导下，中国排协裁委会加大了年轻裁判员的培养力度，加快了培养的步伐，创造了许多机会和条件希望有更多的年轻裁判员脱颖而出。

成为一名优秀的裁判员应具备四个方面的素质：思想政治素质；能力素质；心理素质；业务素质。

（一）思想政治素质

思想政治素质是指个人从事社会活动和政治活动所必需的基本条件和基本品质，它是一个人政治思想、政治方向、政治立场、政治观点、政治态度、政治信仰的综合表现。人的思想政治素质与其在社会生活中的位置、政治生活经历有密切关系，它是随着个人的成长，在长期社会生活实践中逐步形成、发展和成熟的。思想政治素质由多种因素构成，有着丰富而深刻的内涵。一般包括政治方向、政治立场、政治观点、政治纪律、政治鉴别力、政治敏锐性和政治技能。中国排球协会历来十分重视裁判员队伍的素质教育，既重视裁判员队伍的业务水平，更重视裁判员的思想政治素质，在选拔、培养和使用裁判员的工作中始终将裁判员的思想政治素质作为重要条件。张蓉芳书记确立的排球裁判员队伍建设目标，就是将裁判员队伍打造成一支“风清气正、品质优秀、业务精湛、能打硬仗”的队伍，各级各类排球赛事都充分体现了这一目标和要求。

（二）能力素质

从广义上来说，能力是人们认识、改造客观世界和主观世界的本领；从狭义上来说，是指胜任某种工作的主观条件。一名优秀的排球裁判员应具备以下几方面的能力。

1. 人际交往能力（沟通能力）

（1）如果你学会与前辈沟通，你会得到他们的宝贵经验，可以少走弯路；如果你学会与平辈沟通，你会得到他们的帮助和支持；如果你学会与晚辈沟通，你会得到他们的尊敬和爱戴；如果你学会与领导沟通，你会得到他们的了解和信任。但是要注意，人与人之间的交往应该是真诚的，不是溜须拍马，不是阿谀奉承，更不是阳奉阴违。有的人不善于交流，不善于与人沟通，喜欢孤芳自赏或者盛气凌人，这样的人注定不会成为合格的裁判员，更不会成为优秀的裁判员。

（2）裁判员是个特殊的群体，成员来自不同的地域、不同的岗位，每人各有自己的长处与不足，通过交往与沟通可以集众家之长，补一己之短。

（3）团结协作精神。团结协作是人际交往能力的一种体现。排球运动是一项集体运动，提倡团队精神。一场比赛的裁判工作，裁判员团队的团结协作精神是十分重要的。在裁判员队伍中我们提倡竞争，我们要引入竞争机制，但这种竞争应该是良性的、有序的、健康的，而不是钩心斗角、尔虞我诈。

2. 执行与适应能力

一场排球比赛的赛前、赛中、赛后有许多工作需要裁判员去做，去落实。而裁判员所做的工作应该是严谨的、有序的，不能出现任何差错。每一个赛事、每一场比赛之前，中心领导、管委会主任、裁委会主任都会根据比赛的性质提出各方面的要求，作为一名裁判员要认真地、不折不扣地执行，不允许各行其是，执行力也是对裁判员的基本要求。

国际与国内比赛、综合性运动会与单项比赛、全国与省级比赛等不同级别、不同层次的比赛对裁判员的要求不尽相同，这就要求裁判员要有较强的适应能力。

3. 管理能力

管理能力是裁判员执法水平的一部分。一场比赛的第 1 裁判员是责任人，如何有效地发挥裁判员团队的作用，如何有效地运用规则精神管理好运动队使比赛顺利、流畅地进行，这都需要裁判员具有较高的管理能力和管理艺术，而且，这种能力是需要裁判员在裁判实践中不断总结、改进与提高的。

4. 吃苦耐劳与奉献精神

作为一名排球裁判员应该尊重裁判工作，热爱排球事业。排球裁判员可以得到精神的刺激与享受，可以得到排球方面的知识，可以广交朋友，但是得不到名和利，所以排球裁判员要有吃苦耐劳的精神。现在任何一项工作、任何一个岗位都提倡基层锻炼、一线锻炼，排球裁判工作也是这样。裁判员要从少年比赛开始，每天要执裁几场球，司线员、记录员、广播员都要去做，很辛苦，这就是锻炼，就需要有吃苦耐劳的精神，否则不能成大器。从事排球裁判工作不会像足球、篮球裁判员那样收入高，排球裁判员付出多，收入不高，但不要去算经济账。排球裁判员还要学会处理好两种关系：本职工作与裁判工作的关系；不同比赛性质的关系。要得到三个方面：单位、家庭和同事的支持，所以从事排球裁判工作必须要有奉献精神。

（三）心理素质

心理素质是指人在感知、想象、思维、观念、情感、意志、兴趣等多方面的修养。它是一个内容非常宽泛的概念，涉及人的性格、兴趣、动机、意志、情感等多方面的内容。心理素质是裁判员素质的一个重要组成部分，从某种意义上说，它制约和影响着裁判员的整体素质。良好的心理素质即指心理健康或具备健康的心理。裁判员的心理素质包括：事业心、责任感、大局意识、心理承受能力、心理健康状况、气质类型和裁判风格等。

作为一名裁判员要过好以下几个心理关。

1. 无论是一般场次，还是重要场次；无论是每局、每场的前阶段，还是关键局、关键分；无论有无领导在，有无专家在；无论是在主场、还是在客场；无论有无电视转播；无论是比分接近的场次，还是比分接近的比赛，裁判员都要有平稳的心态。

2. 每场比赛结束后，无论裁判主任（技术代表）对你严厉地批评，还是温和地批评，你都要认真接受、深刻反思和总结；而不要强调理由，心灰意冷，丧失信心。

3. 有的裁判员在比赛过程出现错漏判，脑子里会想很多问题，造成注意力不集中，就会连续出现错误，也许会因为一个问题影响全场成败，所以裁判员要学会调整心态，过去的让它过去，要更加集中注意力将后面的裁判工作做好。

4. 在赛会制比赛中，有的裁判员接到的任务不够多，场次不够重要，也需要有一个正确的心态去对待。因为裁判主任安排每场比赛裁判任务时是综合考虑各种因素决定的，所以裁判员不应该多想。

如何提高心理素质？我认为应做到以下两点：一是多锻炼，二是有自信心。多锻炼不仅体现在裁判业务上，还包括其他能力的锻炼。为什么国家体育总局排管中心对报考国家级裁判提出了相应的条件，报考人员参加国家级考核之前要有一定的裁判经历，有一些经验积累，这样考试时心中才有点底，否则脑子里将会是一片空白。裁判员对自己的水平和能力要有足够的信心，这种信心是客观的而不是主观盲目的。裁判主任安排你去执法这场比赛，对你是信任的，所以你要相信自己具备这个能力，能很好地完成任务。

（四）业务素质

一名裁判员从考上国家级开始到成为一名优秀裁判员一般需要 10 年左右的时间。一般将裁判员的成长经历分为 3 个阶段：①起步阶段。考上国家级裁判员就进入起步阶段。这个阶段的任务承担全国青少年比赛的裁判工作，规范哨音、手势、仪表、仪态，熟悉和理解规则，向老裁判员学习，积累经验。这个阶段需要 3 ~ 5 年时间。②成熟阶段。能够比较好地运用规则，心理比较成熟，已经积累了一定的裁判经验，能够担任锦标赛、大奖赛等比较重要的比赛的裁判工作。这个阶段需要 5 年左右的时间。③熟练阶段。能熟练地运用规则，心理素质成熟，具备处理疑难问题的能力，能担任全国联赛和全运会比赛的裁判任务。

1. 优秀的裁判员应具备的基本素质

（1）积极的心态：持消极心态的人做什么事都很难成功。

（2）没有任何借口：找借口的人无时无刻不在欺骗自己，无时无刻不在损坏自己的人格形象。

（3）服从：正确的要求是训练，错误的要求是磨炼，厌倦服从的人应尽快提升你的能力，超越上司。

（4）自信：一个人取得的成就与他的自信度成正比。

（5）专注：凡事专注必能成功，专注的程度通常代表一个人的事业心及其恒心和毅力。

（6）沟通：嫉妒、生气、争吵、怨恨、出错、无奈、烦恼、效率低，都是不会沟通的表现。

（7）协作：狼能存活至今全靠它们的团队精神，没有完美的个人，只有完美的团队。

（8）责任：责任代表了至高无上的个人品格。

（9）品质：除了追求品质没有什么可以使你获得进步。

（10）永不放弃：没有什么方法注定你取得成功，但放弃铁定失败。

人生的成功是一种幸运，只有实力、实干、机遇三者紧密结合，一个人才能获得成功。有实力者，必须加上实干，有实力又能实干的人，还需要机遇。认识到这一点，成功者就会力戒骄傲。成功者往往因为他的机遇比别人好。

如果我们没有成为现实人生的成功者，一定是实力、实干、机遇三者有一项缺位。

乌鸡没有成凤凰，未必不是一种人生的解脱。人生既然是一个过程，我们只要尽力了，也就没有遗憾了。

2. 如何提高裁判员的业务素质

（1）严格遵守“严肃、认真、公正、准确”的八字方针

这是每名裁判员的工作准则。只要我们的裁判工作不出差错，执法公正准确，运动队无论输赢都不会提出异议。一场比赛的胜负关系到运动队成绩，成绩的好坏又关系到运动队的前途、奖金和待遇等，所以我们作为一名裁判员必须始终保持公平公正的职业精神和道德底线，为运动队提供一个公平竞争的环境。

（2）踏踏实实的修炼精神

高水平排球比赛紧张而激烈，场上情况瞬息万变，场上出现的每个球都不会相同，在这种瞬息万变的情况下需要我们裁判员迅速做出正确的判断，这绝不是一朝一夕之功，需要沉下心来，踏踏实实通过各种比赛，各场比赛去磨炼，去锻炼，去提高，只有这样才能“修得正果”。

（3）多学、多问、多看、多练

提高业务素质，应该做到多学、多问、多看、多练。

多学：多学规则，做到熟记。

多问：多向老裁判员请教，多向同行请教。

多看：多看别人是怎么执裁的，特别要多看优秀裁判员是怎么执裁的，

要做一个有心的人。

多练：多执裁比赛，就跟准备高考和学车一样，执裁的比赛越多，积累的经验也就越多，规则的理解也就越深，判断的准确性也就越高。裁判员业务水平的提高无捷径可走。

专题二：裁判员的哨音、手势和站位

（一）裁判员的哨音

排球裁判员在临场执行任务时，是依靠哨声来协调、控制和管理比赛的，此时哨音就成为裁判员的工作语言，是语言就具有感情色彩，哨音能表达出裁判员的喜怒哀乐、裁判员的情绪、裁判员的好恶，裁判员提倡什么，反对什么，全会在哨音中流露出来，从而会把裁判员的情感通过哨音表达出来，暴露在广大观众和运动员面前，他在执行本场比赛时的心态是愉悦的、积极的、客观公正的，还是情绪化的、赌气的、急躁的、不满的，这些都能从裁判员的哨声的音量、节奏、力度上反映出来。因此，裁判员的哨子并不是想象中那么简单易吹，裁判员的哨音应具有丰富的思想内涵，只有达到这一高度的认识，裁判员才能正确地运用好口中的哨子。以下是对裁判员哨音的分析。

1. 正常的哨音

鸣哨及时果断，哨音有力、响亮、节奏平稳，表现出裁判员的精神面貌具有思维敏捷、反应迅速、富有朝气、身心健康的特征。

哨声出现时对运动员和观众彬彬有礼、以诚相待，无拖泥带水、拖沓冒哨的现象。

2. 情绪化哨音

情绪化的哨音不仅反映出裁判员对比赛的认知偏差，更体现在精神面貌上无精打采、反应迟钝、精力不支、体力不佳，或者争强好胜、表现自我、一意孤行。

情绪化哨音表现为：软弱无力，底气不足，哨音迟缓，反应迟钝，浑浑噩噩的精神状态表现出无所追求；或者哨声急促、快速张扬、刺激凶悍、斗气催赶，连续的短促音表现出是极不耐烦情绪。

以上这些情绪化的哨音，裁判员在比赛运用时，有百害而无一利，无论从思想上、精神上、业务上均不能获得运动队、观众、媒体等各方面的信任，而使裁判工作陷入非常被动的局面，严重时会使比赛失去控制。

3. 哨音的运用

既然哨音是裁判员的语言，如何恰到好处地表达出裁判员的心声、语气就显得非常重要，初学者在比赛中运用哨音时，可能会随着比赛的进展、场上的变化、运动员的表现，自然而然地流露出紧张的情绪，哨音的轻重缓急难受意识控制，反易受运动队影响。随着比赛实践的增加，通过经验的积累，较为成熟的裁判员学会了心理控制和自我调节，比赛时哨声运用较为自如和熟练，抑扬顿挫的哨声像音符一样表现出裁判员好恶，此时，个性化和张扬的哨声易被运动员识破裁判员当时的内心活动。

而属于真正高水平裁判员的哨音，从比赛伊始至比赛结束，哨音悦耳、柔和稳定、节奏平缓、不急不躁，让人感受不到或看不出裁判员的内心活动和情感变化，让运动队充满了对裁判员的信任，全身心地投入到比赛中。裁判员自始至终地积极地在为比赛和运动队服务，驾驭比赛的能力表现得淋漓尽致，这是裁判员鸣哨时的最高境界，也是高水平裁判员必备的心理素质。

一般而言，裁判员鸣哨时，哨音需平稳柔和、声音悦耳、节奏一致、落落大方，哨声以不刺激运动员为主，以免造成运动员的反感而形成对立。当比赛中需要裁判员运用重哨时，也不能犹豫，该严厉时不能示弱（严格管理是必须的），否则易使比赛失去控制。

特别需要注意的是，裁判员在运用哨声时，应避免偏哨、软哨、昏哨和庸哨，否则会给比赛埋下无穷的隐患，引起比赛争议，将自己推到风口浪尖上，成为众矢之的。

4. 鸣哨的时机

裁判员掌握鸣哨的时机非常重要，原则是：第 1 裁判员鸣哨必须及时果断，第 2 裁判员不鸣则已一鸣惊人。第 1 裁判员要掌握比赛前的几个鸣哨节点。

（1）赛前入场和准备活动

国际比赛 32 分钟的入场仪式与国内比赛 17 分钟入场仪式是不同的，但第 1 裁判员鸣哨的时机大致相同。挑边前丈量网高时，请运动队离开比赛场地，第 1 裁判员应以轻轻的短促音，提醒运动员离开比赛场地，挑边时也是如此，不必张扬。而在 10 分钟正式准备活动开始至练习结束时，第 1 裁判员鸣哨，哨音必须响亮而稍长，表示进入了正式比赛程序。而运动员入场奏完国歌后，第 1 裁判员应鸣一声长哨，响亮而干脆，示意双方运动员互相致意。

（2）比赛时的鸣哨

第 1 裁判员鸣第一声发球哨，鸣哨须准时，哨音应响亮，哨声较长，示意比赛开始，全体注意，进入比赛状态。比赛中出现各类犯规、界内外球、位置错误等，需要中断比赛时，裁判员的哨声必须及时、响亮、坚决、果断，尤其是第 2 裁判员鸣哨，不鸣则已，一鸣惊人，一声长哨明确比赛中断的原因，切忌拖泥带水、含糊不清。

比赛间断的鸣哨：正常比赛间断为暂停、换人、局间。

暂停的鸣哨：当比赛成死球时，首先是运动队按响蜂鸣器，提出暂停请求，由主教练做出明确的暂停手势，第 2 裁判员（或者是第 1 裁判员）才能鸣哨，哨声长而响，并随即做出暂停手势，表示比赛合法中断。暂停结束时，由第 2 裁判员再次鸣一声长哨，示意暂停结束，恢复比赛。如果运动队只按响蜂鸣器，主教练无暂停手势，裁判员则不能鸣哨给予暂停，如干扰或影响比赛，第 1 裁判员须鸣哨给予该队延误比赛警告。

换人的鸣哨：目前实行的是快速换人制，正常换人是，当比赛成死球时，某队提出换人请求，运动员进入换人区，由记录台按响蜂鸣器提示即可。当记录台未能及时按响蜂鸣器时，第 2 裁判员必须立即鸣哨示意，哨音应响亮。

局间的鸣哨：当每一局比赛结束时，第 1 裁判员应鸣一声长哨，示意该局比赛结束，双方运动员在端线列队站好后，由第 1 裁判员再次鸣一声短哨，配以手势，示意双方运动员交换场区。局与局之间在 2 分 30 秒时，第 2 裁判员应鸣一声长哨，提示双方运动员进场，准备次局比赛（无蜂鸣器时运用）。

第 4 局、第 5 局之间，第 1 裁判员应鸣哨，召集双方队长至记录台前组织重新挑边，选择发球、接发球或者场地。

全场比赛结束，第 1 裁判员应以一声响亮的长哨示意双方队员在端线处列队站好，然后在裁判台下边线处，第 1 裁判员以一声短哨示意双方运动员至网前握手致意。

（3）赛场管理的哨音

赛场管理哨音运用有较多种类，主要是正常的管理和意外的发生。一般而言，管理哨音是以提示为主，轻微的、连续的短音，无刺激、不刺耳。如轻微的延误比赛或者较轻微的不良行为管理，裁判员应以较为平和的连续短促音予以提示或警告。

如在比赛场上发生较为严重的违纪现象，裁判员则应以重哨加以制止，以示区别，此时，裁判员的哨音是强制性的，具有一定的威慑力，如这时裁判员出现软哨，不敢大胆管理，就难以服众，比赛必将陷入混乱。

赛场意外的发生，多是比赛时运动员出现了严重的伤害事故，裁判员应立即鸣哨中断比赛，以连续的短促音提示比赛的中断，该回合为争球。或者在比赛时，捡球员误将非比赛球滚入比赛场内，干扰了比赛正常进行，此时裁判员也应以短促的重复哨，示意比赛非正常间断。

5. 裁判员用哨时须注意的问题

（1）应该尽量避免使用重复哨，尤其是在判断方面，以一声哨音为主，不必重复或多声连续。

（2）选择一些好哨、名哨作为裁判员临场用哨尤为重要，它的效果是普通哨子所达不到的，而且在临场时，裁判员必须带好备用哨。

（3）第 1 裁判员、第 2 裁判员的用哨最好发不同音，以便加以区分。

（二）裁判员的手势

裁判员的手势是裁判员的肢体语言，和哨音一样非常重要，裁判员鸣哨中止比赛时，是通过统一、规范和法定的手势，明确告知全场观众、媒体、运动队、记录台工作人员该球的犯规性质、犯规队员、中断比赛原因、不良行为判罚、赛场管理等。因此，裁判员的手势在比赛中运用时，动作务必完整、标准和规范，使全场人员一目了然，切忌盲目出手、拖泥带水、模棱两可、张冠李戴，使现场观看人员不知所云、一头雾水，弄得队员叫、观众闹，从而给比赛带来不必要的麻烦。

正确的裁判员手势应该如下。

1. 展示裁判员的外在形象

裁判员在鸣哨中断比赛，展示各类犯规性质原因时，首先是他外在形象的展示，他的仪表仪态表现出裁判员对比赛的态度和对比赛的认知程度，对比赛是否足以重视。因此，裁判员的外在形象给予人们的第一印象就显得异常重要。他们的着装应该得体、整洁、统一规范；他们的精神应该饱满、振奋、不蓄胡子、不留长发；他们的姿态，站立自然挺拔、稳重自如；他们的动作自然洒脱、落落大方。

裁判员切不可不修边幅、胡子拉碴、衣着不整、蓬头垢面，身体不能摇晃不停、上下起伏、站立不稳、左右摇动，动作不能扭扭捏捏、软弱无力或紧张僵硬、夸张张扬。

2. 裁判员的正确手势

裁判员根据比赛中断的原因，做出相应的犯规手势或请求手势，动作必须做到准确无误。标准得体的规范手势会使人们对裁判员产生信任感，对裁判员的工作充满信心，比赛的连贯性也因此会得到加强。

（1）裁判员的手势动作

第 1 裁判员共有 25 个手势、第 2 裁判员有 12 个手势、司线员有 5 个旗示，每一个手势（旗示）都表示了不同的犯规性质、界内外球、球队请求、判罚种类等，手势简单明了，是国际、国内比赛裁判员通用的肢体语言。比赛中裁判员鸣哨后，必须用标准的法定手势将运动员犯规性质或运动队的请求，告诉全体参赛和观赛人员（教练员、运动员、记录台、媒体和观众）。

（2）裁判员的手势展示

裁判员鸣哨后应有一个短暂的停顿，迅速环视后再展示出需表达的动作（配合之需），做手势时，动作应该舒展大方、准确规范、清晰自然、短暂展示，然后再复原收回手势。整个过程，裁判员的动作富有节奏感和层次感，是一种美的表现。鸣哨后裁判员不立即做出手势，这个短暂的停顿是必须的，可避免裁判员因手势过快而造成的错判，也可以避免裁判员之间配合时出现的反判，出手慢比改判要好得多。

（3）裁判员的手势顺序

裁判员出手须遵循规则要求的“三部曲”，第 1 裁判员鸣哨后，先指出发球方，再指出犯规性质，然后指出犯规队员（必要时）；第 2 裁判员不需要随第 1 裁判员重复做同一个动作。第 2 裁判员鸣哨后，先指出犯规性质，再指出犯规队员（必要时），然后随第 1 裁判员指出发球方。第 2 裁判员无论何时都不能先于第 1 裁判员指出发球方，这是第 2 裁判员鸣哨后在做手势时和第 1 裁判员在顺序上的不同点，第 2 裁判员不能喧宾夺主。

（4）裁判员的手势配合

第 2 裁判员在协助第 1 裁判员判断时，应以隐蔽的手势在胸腹前做短暂的示意，无论第 1 裁判员未发现还是不同意此判断，第 2 裁判员均不得坚持自己的手势，更不能将此判断暴露在大庭广众之下，以免引起争议。

3. 裁判员的手势要点

（1）如裁判员做的是单手手势，应用与犯规队同侧手来表示犯规的性质或请求。尤其是暂停手势，五指的方向应指向请求暂停方，否则是不规范的。触手出界单手手势的高度应在裁判员的眼睛下方，而界外球的手势，应根据裁判员的外在形象进行操练，手臂位置的高低、两手之间的距离或宽度、手臂的平面，需根据自己的身高、体重、性别选择适合自身形象的动作，适合自身的就是最美的。

（2）如指向发球方，裁判员的手臂必须自然伸直、与肩平行、五指并拢、短暂停留。如指向界内球、触网、发球不过网等，此时裁判员手臂弯曲，动作是非常难看的。发球手势和后排队员违例手势，须先伸直手臂，然后再弯曲。关于指向队员的手势，裁判员不允许用单个手指指向运动员，对运动员指指点点，这是非常不礼貌的。必要时必须五指并拢，整个手掌指向运动员。

（3）手势展示时动作僵硬和软弱无力不可取，没有美感。而鸣哨后一蹴而就的手势，没有节奏感，也会因裁判员出手过快，使裁判员间的配合出现失误，陷入较为被动状态，出现改判是裁判员临场时的大忌。而重复性的手势也没有必要，所有手势只出一遍即可，无须重复摆动。

（4）换人后和示意比赛开始的手势并不在25个手势内，这是裁判员之间的配合，只有当记录员登记、核对完队员位置，举起双手（手臂伸直）示意第2裁判员，第2裁判员再示意第1裁判员后，比赛才能开始，这个程序是必须的。

（5）裁判员的手势必须是规范的，不能自编自创，自搞一套，或者随意更改标准的法定手势及动作，尤其是在基层比赛中，不按规则手势要求做，或者做得不够规范，形成动力定型后，再纠正就难了。

（三）裁判员的站位

裁判员的站位与鸣哨、做手势有着密切关系，没有一个正确的站位，裁判员的判断就难以做到准确无误，因此，裁判员在鸣哨和做手势时，必须和站位相结合。

1. 第1裁判员的位置

第1裁判员坐或站立在球网一端裁判台上，视线水平须高出球网上沿50厘米以上，因裁判台位置狭小，脚步难以移动，有很大的局限性。所以，第1裁判员多以视线随头部的转动进行判断，偶尔配以身体动作协助判断。他的判断是针对全场的、是最终的判断。比赛时的具体分工：发球时他看发球方的犯规，攻拦时他看进攻方和网上的犯规，比赛过程中，他的视线始终随球移动，直至该回合结束，再观察全场，周而复始。

2. 第2裁判员的位置

第2裁判员的站位非常重要，对比赛的判断、配合、管理全赖于他的站位。他站在第1裁判员的对面，比赛场区的网柱附近。根据比赛的实际情况，第2裁判员以脚步移动来调整自己的位置，前后左右移动，活动范围大而灵活，一般而言，以网柱为中心，左右不超过1.5～2米，前后在网柱与记录台之间。比赛时他站在接发球方换人区内，与边线平行，主要视线看接发球方，余光看发球方，在发球队员击球的瞬间，以此来判断接发球方是否存在位置错误。攻拦时他看拦网方的犯规，根据进攻时的位置，近端还是远端，进行前后移动。对无障碍区内的击球，主要站在击球方的对面，观察该球是否从标志杆内外通过，直至该回合比赛结束。每一回合结束，第 2 裁判员和第 1 裁判员须进行眼神沟通，然后再退至记录台前观察两边替补席的动态。

暂停、换人、局间时，第 2 裁判员控制记录台工作、球队席的管理。暂停时：他站在请求队的一侧鸣哨，查看时间后，同第 1 裁判员进行眼神交流，站在网柱前，面向记录台，观察球队暂停情况、掌握时间、掌控记录台工作等。换人时：第 2 裁判员应站在网柱与记录台中间的位置，面向请求换人方，目视记录员的登记工作，并向替换队员做出上下场的手势（两小臂在腹前交叉）。局间双方运动队交换场区时，第 2 裁判员应站在网柱前，面向记录台，观察双方运动员交换场区时的动态，然后至记录台前同记录员进行短暂的交流，再走向双方运动员席，向教练员收取次局位置表，将表交技术代表和记录员后，回到网柱前面向记录台站立，观察双方运动队的情况。

3. 鸣哨后裁判员的位置

第 1 裁判员鸣哨后，两名裁判员应在不同场区，当第 1 裁判员鸣哨宣布某队犯规中止比赛时，第 2 裁判员必须站在犯规队一方，这是第 2 裁判员标准化的规范操作，是裁判员之间配合之一，初学时就必须牢牢记住。

裁判员的手势虽然简单易学，但要做好动作，给人以美的感受，那就得根据自身条件进行动作设计，手势位置的高低、动作的大小、两手之间的距离、出手时的力度和节奏，手势是否到位等，都非常讲究。优秀裁判员的手势动作均有设计，必须对着镜子进行操练，不断完善，并在实践中加以改进和提高，体现出完美的艺术形象，这也是优秀裁判员的魅力所在。

专题三：司线员的旗示、站位和判断

司线员的工作在排球比赛中有着重要的作用，他们是排球比赛中裁判组的成员，临场时他们的判断和第1裁判员、第2裁判员的判断同等重要，必须做到准确无误，尤其是在关键局、关键分、关键球的判断上，起着至关重要的作用，正确的判断有助于比赛顺利地进行，而错误的判断会妨碍比赛的流畅，轻者引起比赛中断，重者则会导致比赛胜负颠倒，从而给竞赛工作带来巨大的麻烦，甚至有时还会影响的赛场秩序的稳定，引起骚乱。我们在执行比赛时对司线员工作的重要性已有深刻的体会。要做好司线员工作，除了学习规则，在理论上进行分析和讨论，主要是在实践中进行运用，然后再回到理论上进行总结和提升，再实践，走理论和实践相结合的道路，才能从根本上做好司线员工作。

司线员临场时必须统一思想、精力集中、站位正确、旗示标准、动作规范、判断准确、配合默契、张弛有度。

司线员工作的16字方针是：加强预判，抢好角度，看线等球，出旗果断。这16字的工作方针是前辈们给我们留下的宝贵财富，前辈经验，后人享用，使我们在工作中避免了摸索和少走弯路。

1. **司线员16字方针**

（1）加强预判

预判是为了克服盲目性，加强科学性，提高准确性。

界内外球的预判：判断界内外球最好的位置是正对界线，视线判断路线应从球场里面往外移动，然后将目光停留在线上，可避免误判，反之，就可能把界外球判成界内球。

发球时的预判：排球进攻是从发球开始的，因此，世界强队之间的比赛，势大力沉的跳发球被普遍运用于实战中，包括女排的比赛。跳发有两种，大力跳发和轻飘球跳发。前者力量大、速度快，欧美男选手跳发球的速度可达每小时120公里以上。而轻飘跳发球基本是找人或发区域，后场球较多。了解了以上这些比赛特性，就不难理解在比赛时，当队员准备发球时预先判断队员发球习惯和落点就显得很重要，首先要明确他们是属于哪一类发球性质的队员。如采用助跑大力跳发球，那么负责发球方端线一侧的司线员就要注意该队员助跑起跳时是否会踩线，主要视线要落在端线，而另外3名司线员则要根据发球后球的飞行路线事先预判球的落点，以主要视线对准边线和端线的远端和近端，余光观察球的飞行情况，司线员要正对边线和端线，目光先于球落在着地点。

扣球时的预判：扣球时的预判比较复杂，每个队的进攻特点和套路是不同的，裁判员对其战术运用，进攻时的个人技巧、速度的快慢，线路的变化，力量的大小都要做到事先的预判。遇到战术单一、高举高打的球队，则要对力量方面加强预判。对战术运用多的在速度方面加强预判。进攻时，距离一般较短，速度快，力量大。负责边线的司线员正对边线取位，本场区域扣球时，视线由远到近一看到底；对方场区扣球，视线由近到远。负责端线的司线员，其负责的线虽短，但预判难度较大，端线司线员是侧对攻防双方的，因此要扭头或侧身看进攻方的进攻路线，而且还要注意角上的球，所以难度要比边线稍大些。司线员在预判时主光看线，余光看球的飞行路线。

（2）抢好角度

判断界内外球的关键在于抢好角度。司线员在取位时应在界线的延长线上内侧取位，在预判的基础上由内向外观察球的落点，这样可以观察到球体与比赛场地的接触面，有利于界线附近球的判断。近端球比远端球难判，因此看近端球要抢低角度观察球的落点。在抢角度取位时，要避免球打在身上，不能转身躲球。

（3）看线等球

司线员在预判时把视线放在球的飞行路线上，当判断出球朝自己负责的界线飞来时，可利用视线的超前转换，做到看线等球，以静待动，准确判断。

（4）出旗果断

果断就是出旗要及时、坚决和有力。旗示明确，出旗快也含有果断的因素。但要避免为了快而不准确，尤其判近端球，不妨稍微停顿再出旗，只有在准确的前提下果断地打出旗示，才能使运动员和观众无异议。

同时，作为裁判员集体，还要加强裁判员之间的配合。

2. 司线员的位置

如果是2名司线员，其位置应该站在每名裁判员右手的场区角端，距场角1~2米，他们各自负责一侧的端线和边线。

国际比赛需设4名司线员，距场角1~3米，各负责一条界线。

3. 司线员动作要求

（1）站立：两脚前后自然开立，身体挺拔、端正，目光平视，旗子自然下垂于体侧。

（2）准备：在站立的基础上，右脚后撤一步（以右手为例），重心下降，上体略前倾成稍蹲或半蹲，前臂稍屈，旗子自然斜垂于体前；比赛进行中调整重心抢好角度，看线等球。

（3）出旗：球落地、触及障碍物，上前并步，立正同时展出旗示，脚到旗到。动作要舒展大方，上臂带前臂发力劲脆飘逸。挺胸抬头目视第1裁判员。

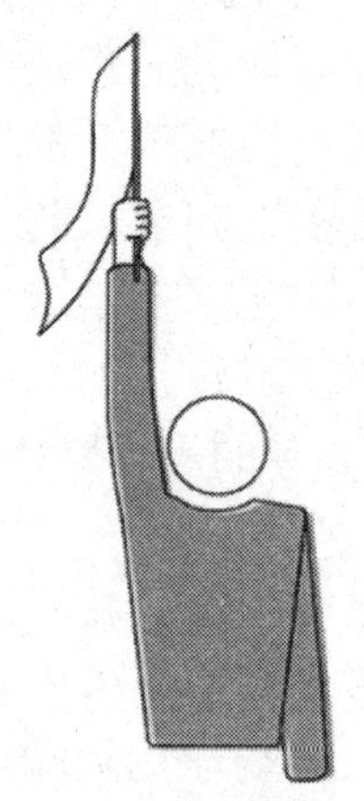

界外旗示：臂直、旗直，臂旗呈一线垂直上举于耳侧，无旗手臂自然下垂。

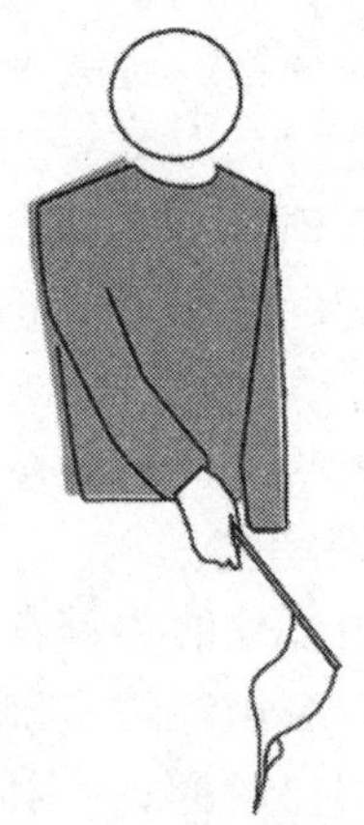

界内旗示：手腕下压，臂旗呈一线，60度下指界线，无旗手臂自然下垂。

触手出界旗示：手臂弯曲上举旗杆直立胸前，另一手五指自然并拢掌心向下轻触旗杆顶部，高度齐下颌，前臂与地面平行。

触及标志杆旗示：立正姿势，持旗手臂上举摆动3次，顺序为右→左→直（以右手为例）。另一只手伸向斜上方，食指指向标志杆。发球队员脚的犯规（或其他队员发球时站于场外），旗示同上。手指向端线或边线。队员击球时或干扰比赛的情况下，触及司线员一侧的标志杆，旗示同上。手指向犯规队员。

要点提示：根据规则，球触及标志杆及标志杆以外的任何物体（如网绳、网柱、裁判椅等），旗示都应该为球触标志杆。

（4）收旗：司线员必须用法定旗示指出犯规性质，并有短时间的展示。收旗发力劲脆飘逸，还原成站立姿势。

4. **比赛仪式的要求**

司线员必须在赛前、赛中、赛后执行正式的比赛仪式，国际排联、世界和正式比赛的赛前仪式有两种，分别为有备用准备活动馆的赛前仪式和没有备用准备活动馆的赛前仪式，对司线员要求如下：

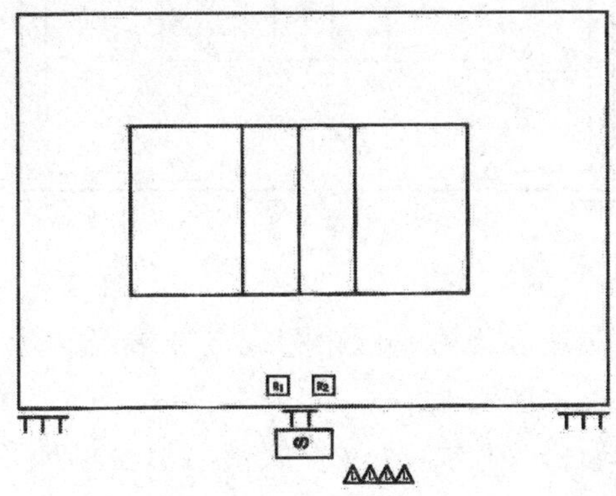

（1）赛前30分钟前进场协助裁判员检查整理场地。

（2）第1裁判员召集双方队长在比赛场地角落（或记录台前）选边和正式的准备活动中，四名司线员列队其后或记录台侧后，随时听候第1裁判员的召集。

（3）赛前两分钟介绍第1裁判员和第2裁判员时，司线员两两并列在无障碍区外判罚区旁。

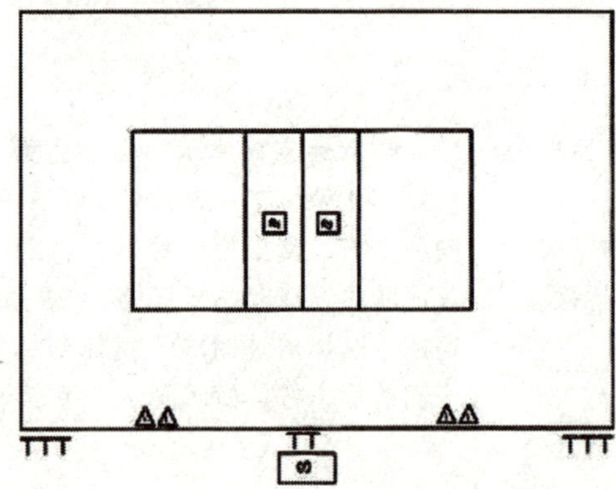

（4）赛前当第1裁判员走向裁判台时，4名司线员两两列队沿边线进入自己位置，在无障碍区底端挡板处准备，两脚开立，双手持旗于体后。

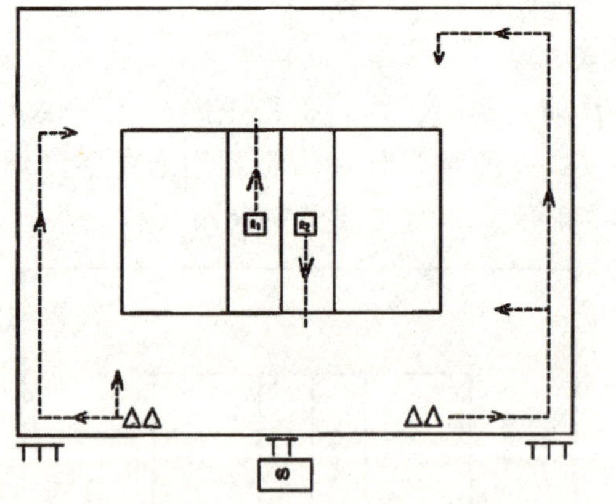

（5）比赛中司线员站在无障碍区距边线（或端线）延长线2~3米的位置上各负责一条界线。

（6）暂停和技术暂停，1号、4号司线员后退至场地角落，不能遮挡广告牌。2 号、3 号司线员后退至无障碍区外判罚区旁。

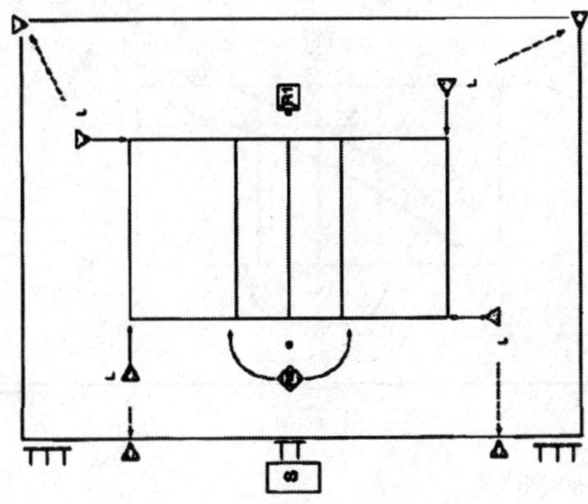

（7）局间司线员两两站立在无障碍区外判罚区旁。

（8）比赛结束随裁判员退场后立于记录台侧后等候裁判员道谢。

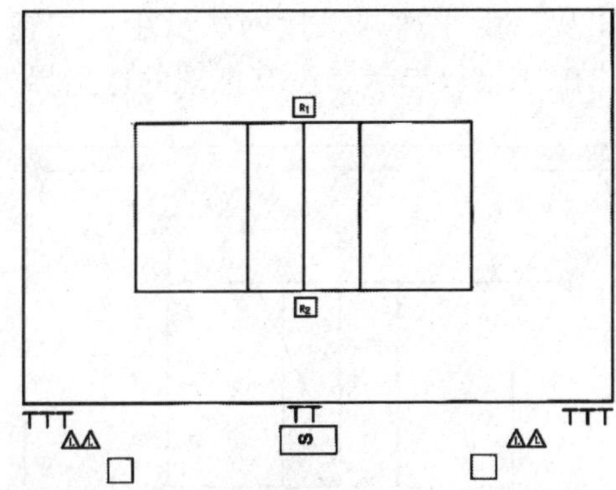

5. **司线员的判断方法**

（1）分工和角球的协作配合

设置 4 名司线员时，每名司线员负责一条线，没有主、副线的分工。角上的球由该角上的司线员出旗。角的范围一般以角为中心，半径约 50 厘米。

两名司线员配合时，对远端角的判断一般是谁看到界外球谁先出旗，另一名司线员配合出旗。两名司线员都没有看到是界外球，说明是界内球，经过互相目视，两人均按界内判断。

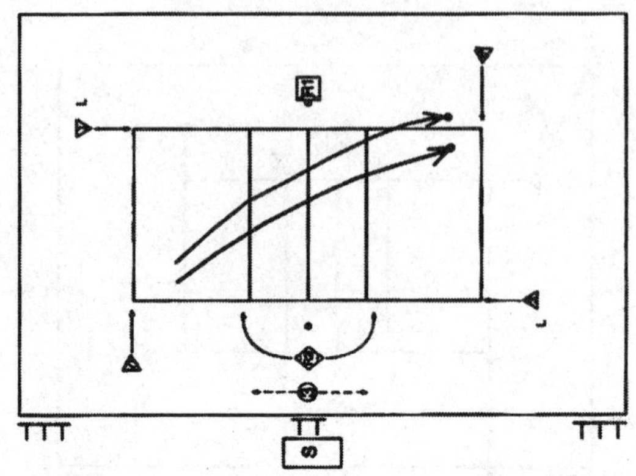

(2) 触手出界的判断

球触及后排队员出界，球从哪条线出界哪个司线员出旗，要判断准确不能漏判。如果因为角度缘故无法看清，附近的另一司线员看清楚的前提下可以协助补旗。

球触及拦网队员出界，由距离球触拦网队员手后飞行轨迹最近的司线员出旗。确实看准确的出触手出界旗示，没有把握的球出界外旗示。

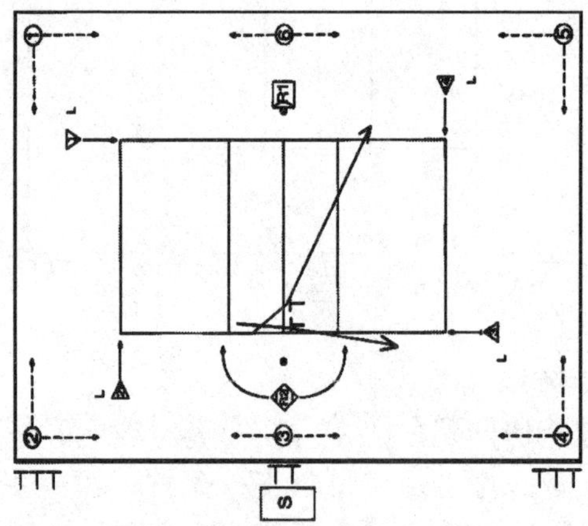

(3) 球触及标志杆或从非过网区进入对方场区的判断

球触及标志杆，由负责该边线的司线员出旗。

球从非过网区进入对方场区，由距离该球飞行轨迹最近的司线员出旗。

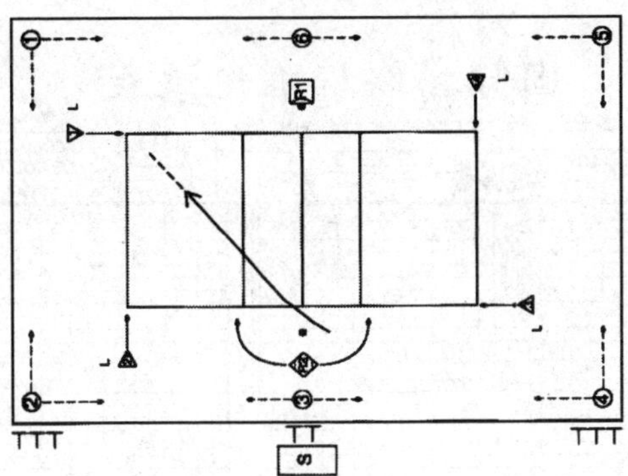

专题四：排球比赛的记录工作

国际排联标准记录表

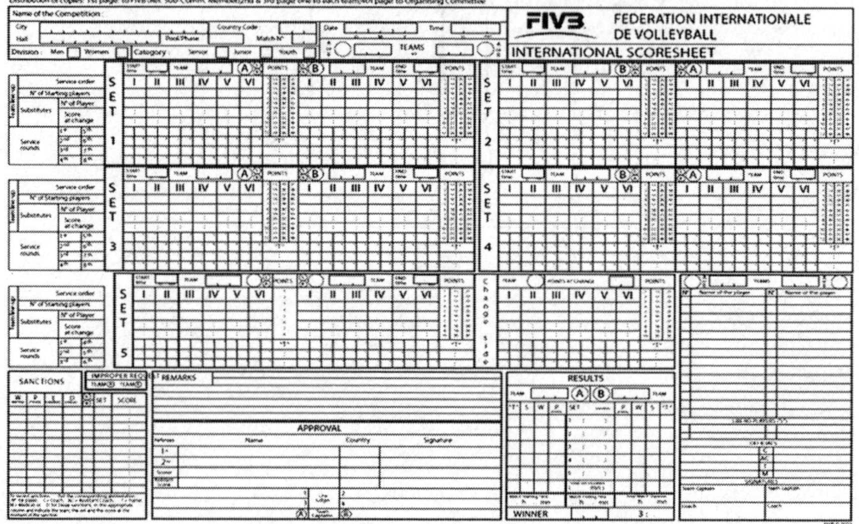
Distribution of copies: 1st page: to FIVB (Ref. Sub-Comm. Member) 2nd & 3rd page one to each team/4th page to Organising Committee

Name of the Competition:

FIVB FEDERATION INTERNATIONALE DE VOLLEYBALL

INTERNATIONAL SCORESHEET

SET 1 · SET 2 · SET 3 · SET 4 · SET 5

SANCTIONS · IMPROPER REQUEST · REMARKS · APPROVAL · RESULTS · WINNER

中国排协中文记录表

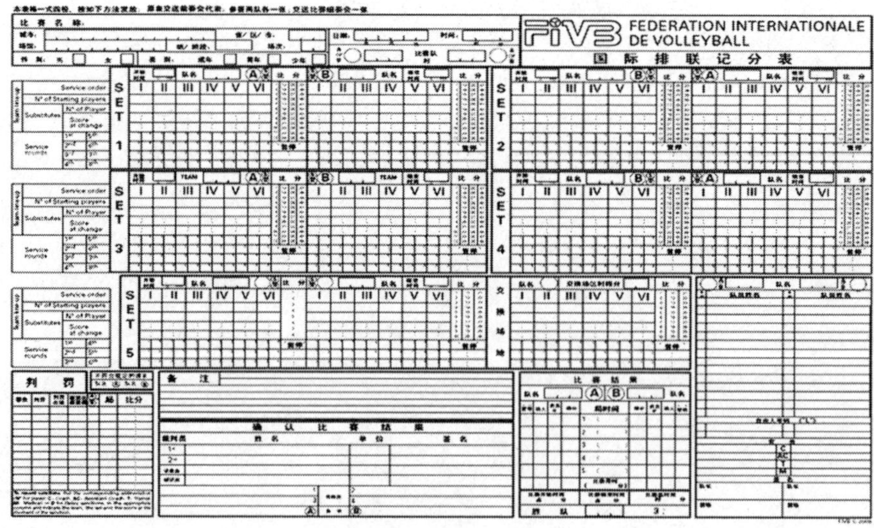
比赛名称：

FIVB FEDERATION INTERNATIONALE DE VOLLEYBALL

国 际 排 联 记 分 表

SET 1 · SET 2 · SET 3 · SET 4 · SET 5

判 罚 · 备 注 · 确 认 比 赛 结 果 · 比 赛 结 果 · 胜 队

（一）记录员工作要点提示

1. 赛前

赛前45分钟准备参加酒精测试。

赛前40分钟进入场地。

（1）检查并准备好记录表、位置表、自由人替换表、笔、秒表、运动队的确认名单和当日裁判员任务表。

（2）核对记录表中比赛名称、双方参赛队名称、队员和教练的姓名及号码，在队长号码上画一圆圈；核对该场比赛的第1裁判员、第2裁判员的国籍、等级、姓名；核对记录员国籍、姓名；必须按站位顺序填写司线员信息。

（3）选边

①双方教练及队长签名。

②从第1裁判员处确定后填写A、B场区队名，左场区为A、右场区为B。先发球队在S处画“×”，在1号位第一轮右上角处画“√”；接发球队在R处画“×”，在1号位第一轮处画“×”。

③按交换场区顺序要求把第二、三局记录好。

④从第2裁判员处得到位置表后，先核对位置表上的队员是否都是已确认的队员，再填写上场位置。

（4）核对双方上场队员位置、号码。如无误举双手示意，如有误立即向裁判员指出。

2. 赛中

（1）记录得分。先划分，再记轮次，然后写对方上一轮交换球权结束时的分数。

（2）核对发球队员号码。一旦发现发球次序错误，必须在发球队员击球后立即按响蜂鸣器，通知裁判员：①某队发球轮次错误；②×号应为发球队员；③场上正确站位（1号位、2号位队员等）；④核对位置、比分，无误后举双手示意。

（3）暂停时比分的记录为请求队在前，记录员及时通知裁判员暂停次数。

（4）换人

①当队员手举换人牌进入换人区，辅记或主记立即按响蜂鸣器。

②替补队员号码必须记录在离开场区队员号码的方框下面；当队员再次上场，要在第一次替补上场队员号码上画圆圈，并记录换人比分（换人队在前）。

③登记完毕后举双手示意。

④多人次换人按以上两个步骤逐一完成。

⑤每队的第5、第6人次换人后及时通知第2裁判员。

⑥若该次请求为不合法替换，记录员一边按响蜂鸣器，一边摆手拒绝。

（5）第5局的记录

①记录重新选边后的A、B场区队名、发球及接发球次序。

②8分交换场区，核对两队队员号码，重点核对发球队发球队员号码。

③双方交换场区时，将原左边队上半局的暂停和换人记录照抄过去。

（6）不符合规定的请求，在“不符合规定的请求”栏A、B队处画“×”。

（7）判罚记录

①延误判罚

——第一次延误警告不失分，在W栏记“D”、A或B队、局数、比分。

——该场比赛同一队第二次及之后各次延误判罚，即红牌。该队失1分，对方该分画分并画圈，并在P栏记“D”、A或B队、局数、比分。

②不良行为的判罚

——红牌：该队失1分，对方该分画分并画圈，在P栏记队员号码或队的成员符号、A或B队、局数、比分。

——同手持红黄牌：不失分，在E栏记队员号码或队的成员符号、A或B队、局数、比分；该成员本局不能参赛并坐在判罚区。

——两手分持红黄牌：不失分，在D栏记队员号码或队的成员符号、A或B队、局数、比分；该成员本场不能参赛并离开控制区。

③记录判罚时

——局前或局间的判罚记在下一局中。

——看第1裁判员出牌后，必须从第2裁判员处得到确认后在判罚栏记录。

——发现判罚等级有误时立即通知第2裁判员，等待第1裁判员裁定后记录。若第1裁判员坚持错误判罚，记录员在备注栏记录该事实。

——判罚得分要在画去的那1分外加圈。

（8）某队因对方失发球权而得分，并胜该局，最后得分应写在下一轮次。双方的最后比分画圈。双方得分栏中剩余得分按规定画去。

（9）若已得分数需取消及再得分记法：已得分画“/”；取消画“\”；再得分画“|”。

（10）第一次不符合规定的请求，在第2裁判员的确认下，在不符合规定的请求记录栏相应的位置画“×”。

（11）若某局比分超出48分，启用备用记分表。

3. 赛后

（1）统计比赛结果。统计各局时无暂停、换人等，则填0，胜1局填“1”，负1局填0，最终结果统计栏要填满。记录比赛总时间，小时前不用补零，分钟为个位数时要补零。如：1H08min.

（2）取得队长、辅助记录员、第2裁判员、第1裁判员的签名。

4. 备注栏的填写

语言应尽量简练，说明原因、比分（必要时记录所用时间）、结果。

（1）特殊替换

① 因×队×号队员在比分为×∶×时受伤，该队已无法使用合法替换，须进行特殊替换，由×号换下受伤队员。

②自由人受伤的特殊替换。

（2）被拖延的间断

①因停电造成的间断。

②因球网破损或脱落造成的间断。

③因标志杆断裂造成的间断。

④因上一场比赛时间的拖延（器材问题、电视转播要求等）造成的延误。

⑤因观众向场内抛洒物品（如：矿泉水瓶等），比赛被迫间断。

（3）恢复时间

当某队一队员受伤，而该队无法进行合法或特殊替换，给该队员3分钟恢复时间。

——若恢复则比赛继续进行

——若不能恢复，则该队阵容不完整。

（4）因某队阵容不完整，对方队获胜。

（二）辅助记录员工作要点提示

1. 赛前

（1）取得自由人替换表，并在获取挑边结果后填写的比赛队和各局自由人号码 。

（2）取得局时间填写表，如没有须自行准备。表内要有开始时间，1st，2nd，3rd，4th，5th，各局时间，结束时间。

2. 赛中

（1）认真填写自由人替换表，发现错误按蜂鸣器通知裁判员。

（2）掌握1分钟技术暂停和局间3分钟的时间。

（3）每局比赛结束后，填写该局净时间交给仲裁。

（4）操作手动记分牌；核对电子记分牌的比分，局数，暂停、换人次数。

（5）每次暂停要用手势通知第 2 裁判员双方自由人的位置。

（6）必要时填写好备用记分表供记录员使用。

（7）与记录员密切配合，保证记录和换人工作的快速、顺利进行。

3. 赛后

（1）比赛结束后，填写结束时间交给仲裁。

（2）签字并上交自由人替换表。

（3）在记录表上签字。

专题五：比赛管理工作

排球比赛的管理是一项非常重要的工作，其内容丰富而广泛，但此项工作的重要性及裁判员在比赛中的运用和执行，是国内比赛裁判工作中较为薄弱的一环。赛场管理工作是一门学问，也是一门技巧，管理工作到位，比赛才能顺利进行，反之比赛就会陷入混乱。那么比赛中管理什么？很多裁判员对此并不十分清楚，本章节就排球比赛中的管理问题进行一些阐述。

什么是管理？管理是为了实现预期的目标，以人为中心进行的协调活动，管理工作的本质是协调。那么排球比赛时管理什么？协调什么？是需要我们弄清楚的一个重要问题。

排球比赛的管理是全方位的，主要有：赛前管理、临场管理、人员管理，其中尤以临场管理最为重要，它涉及面广、内容多，事无巨细，凡涉及比赛方面的问题，裁判员都要纳入自己的管理中。因此，裁判员有效的管理工作能保证比赛顺利、有序地进行，从而给运动员创造一个良好的竞赛环境，使现场观众充分享受比赛乐趣，尽情参与到比赛中，与运动员产生互动。

这种场上、场下融合的竞赛环境，是靠裁判员有效的管理创造的，在比赛中，裁判员的管理工作既不能处处去限制运动员正常的感情流露（一些宣泄和咆哮），也不能干涉观众纵情欢呼。只有当运动员发泄、咆哮，对象发生变化，具有挑衅和攻击性时（针对对方运动员、伙伴、裁判员、观众等），此时性质发生了变化，裁判员的介入就不可避免，严格的管理顺理成章。

（一）前期准备

比赛的前期准备是裁判员做好临场裁判工作的重要环节，它主要体现在裁判员思想上、精神上、业务上对比赛的重视程度，前期准备主要内容如下。

1. 接到比赛任务或通知时，裁判员首先要了解比赛的性质（成年、青年、少年）、规模（联赛、锦标赛、运动会）、形式（赛会制、主客场制）、季节（春夏秋冬）、日期（报到时间、比赛期限）。

2. 裁判员在充分了解上述内容后，进行个人准备，根据不同的比赛规模，在思想上、精神上、业务上、物质上做好充分的准备，保持良好的精神状态和身心健康，检查裁判工作使用的装备和用品，确保比赛任务的顺利完成。

3. 前期的准备工作是裁判员为抵达赛区，做好管理工作的基础，只有思想上重视每一个比赛，在业务上才能进行精心准备，做到不打无把握之仗。

（二）赛前管理

赛前管理分为两个方面，即抵达赛区时的管理和临场时的赛前管理，作为一名裁判员，赛前三天的思想动员、业务学习、场地检查是为临场比赛管理奠定基础。

1. 抵达赛区管理工作

裁判员抵达赛区后，即全身心地投入到赛前的准备，同赛区进行沟通和协调，需做到熟悉比赛环境、检查比赛场地、落实比赛器材、赛区人员协调、工作程序安排，这些是非常具体的工作，要逐项落实到位。

赛区检查的主要内容：熟悉比赛场地尺寸是否符合标准、无障碍区的大小、场地高度、是否使用地胶、网柱、球网、裁判台、比赛球、练习球（包括品牌）、大屏内容、记录台、操作台、广播、音响、计分系统、蜂鸣器、换人牌、打气筒、拖把、毛巾、备用器材、小工具（剪刀、摇把、胶布、地胶线）等。

熟悉比赛环境主要内容：运动员、裁判员、技术代表休息室、医务室、卫生间、安全通道、球队观摩席、裁判员席等，做到心中有数。

以上这些是裁判员在赛前需要控制和掌握的，是裁判员赛前必备的管理程序，缺一不可，否则，临场时会手忙脚乱，使管理工作陷入被动的混乱中。

2. 赛前临场管理工作

（1）裁判员在赛前60分钟抵达比赛场馆，检查比赛场地和设备器材的准备情况，球网的松紧度、球网的高低，是否需要调整和改进，器材摆放是否到位，询问相关工作人员，做相应的调整。

（2）更换裁判服和接受酒精测试。国际比赛和国内重大比赛（运动会），赛前45分钟裁判员要接受酒精测试，测试地点在裁判员、技术代表休息室或医务室（熟悉环境很重要）。

（3）赛前会议，由第1裁判员主持，对全体裁判组成员进行临场动员，对比赛中的配合提出明确要求，指导其分工合作，对裁判组成员实行有效管理。

对辅助人员（捡球、擦地、翻分、广播人员）的赛前培训由裁判组成员进行分工，分别对他们的工作提出严格要求，确保其在比赛中进行严格操作，实施有效管理。

（三）临场管理

赛前30分钟，全体裁判组成员和辅助工作人员必须准时进入比赛场地，进行赛前的最后准备和检查（重大国际比赛的大型入场仪式，裁判员还需提前入场），管理的主要内容有：赛前检查比赛场地、器材落实情况；比赛用球、司线旗、红黄牌、裁判椅高度、备用器材、记录台、位置表、记分表、电动和手动记分牌；确认队员名单；核对队员号码和名字；检查队员服装颜色和式样是否统一、袜子长短是否一致；官员人数核对；广告商标要求；品牌限制；赞助商的利益；队员饰物的管理（如项链、耳环、戒指、眼镜佩戴、防护用品等）。这些检查内容细致而繁多，也非常具体，管理的目标和要求明确，对不符合比赛要求的必须加以整改。

裁判员在国内比赛赛前、赛中和赛后执行正式比赛仪式时的管理如下。

1. **比赛前**

（1）赛前17分钟时（倒计时）：由第1裁判员掌握和控制正式准备活动时间，按照程序进行，请双方运动员离开比赛场区，裁判员开始检查球网高度（由第2裁判员丈量网高）、松紧度、标志杆和标志带的位置。

（2）16分钟时：第1裁判员鸣哨召集双方队长在记录台前选边。

（3）15分钟时：正式准备活动，第1裁判员鸣哨并做出正式准备活动手势，分练（各5分钟）或合练（10分钟），裁判员检查球的气压、换人牌、蜂鸣器、记录台等，向辅助人员提出工作要求。

（4）12分钟时：由第2裁判员收取双方位置表，收到位置表后，须检查、确认教练员的签字及队员号码，然后将一联首先交给技术代表，另一联交给记录员进行登记。

（5）5分钟时：由第1裁判员鸣哨终止准备活动，清场，相关人员捡球、擦地板。第1裁判员与第2裁判员一起到技术代表前请示比赛是否开始，运动员着正式比赛服在队员席处就座。

（6）4分钟时：双方运动队在裁判员带领下入场，在边线处站好，第一和第2裁判员分别站在A场区、B场区，位置在中央球网的两侧，面向记录台。每队12名队员，队长在前，自由防守队员跟随其后，队员由高到矮列横队站在裁判员两侧（不越过3米线），面向记录台。此时，广播员宣布比赛名称，奏国歌。奏国歌后，第1裁判员鸣哨，双方队员在球网两侧握手致意。裁判员返回到记录台前，告知双方7名上场运动员在替补席就座，替补队员站在准备活动区内。

（7）2分半钟时：第1裁判员站在记录台左侧A场区边线处，第2裁判员站在记录台右侧B场区边线处，伴随短乐入场后，两名裁判员分别站在球网两侧，面向记录台，广播员介绍裁判员后，第1裁判员登上裁判台，第2裁判员返回记录台。

再次奏短乐后，广播员介绍运动员上场，从小号、大号、自由防守队员至教练员，依次介绍，双方运动员在场上站好位置。

第2裁判员把2个比赛球交给1号、5号位捡球员，然后核对双方场上队员位置，核对完毕，记录员举双手示意后，将比赛球交给发球队员，再举双手向第1裁判员示意，一切准备就绪。

（8）0分钟时：第1裁判员看到第2裁判员示意后，鸣哨发球，比赛开始。

以上准备活动和入场仪式的程序及时间，是事先已设计、规定好的，裁判员在执行过程中，不得随意更改，必须严格按照此程序操作，不得有误，如遇到电视直播，开赛时间有变化时，需会同现场电视直播导演进行协调，将更改的时间及时告诉技术代表和双方教练员。

2. 比赛中

赛中管理是比赛的重点，也是比赛管理的难点，千头万绪，事情繁多，必须理清程序、分工合作、抓住重点、各负其责，因此，裁判员之间的配合就显得很重要。

比赛时：第1裁判员全面负责，自始至终领导该场比赛，对所有裁判员和队的成员行使权力，他同样掌管捡球员和擦地员的工作，对比赛实施有效的管理。第2裁判员协助第1裁判员进行管理，管理主要内容：

（1）无障碍区管理：包括控制区、记者、摄像、电视录制、广告遮挡、无关人员等。

（2）准备活动区管理：比赛中替补队员不允许出区域活动，不允许和观众进行交流和接受记者采访，不允许用球活动，不允许怪声喊叫、刺激对方、敲打矿泉水瓶子等。

（3）运动员席位管理：允许就座的官员服装是否统一，自由防守队员上下，快速换人的准备，物品摆放的位置。

(4) 记录台工作管理：广播内容，队员号码登记，暂停和换人登记，比分核对，技术暂停控制，局间休息。

(5) 场上成员行为管理（重点赛风赛纪和延误比赛）

赛风赛纪：不服从裁判，对裁判员的判断进行指责，如对界内外球进行画圈或敲打地板，对网上球进行争辩，同对方队员斗嘴、挑衅或谩骂，对观众和工作人员没有礼貌等。以上这些不良行为，都属于赛风赛纪问题，裁判员必须严加管理，严肃执行赛场纪律，维护比赛秩序，绝不姑息。

对不良行为的判罚是针对个人行为的管理，对比赛队的成员进行不良行为判罚时，必须告诉场上队长被判罚成员是谁，并示意该成员举手，然后根据程度给出相应的牌子，判罚对全场比赛有效，记录在记分表上。

延误比赛：对延误比赛的判罚也是裁判员的重要工作。延误比赛主要有以下 4 种类型。

①请求擦地板：比赛间断时队员提出擦地板请求，拖延了时间。

②系鞋带：比赛间断时队员提出系鞋带的请求，拖延了时间。

③暂停：某队提出的暂停结束后，该队未及时入场恢复比赛，教练员继续指导。

④换人：换人时未做好准备，拿错换人牌、换错人、服装不统一、自由防守队员替换错误。

这 4 种是非常典型的延误比赛行为，在排球比赛时是不允许的，如造成事实则必须给予运动队延误警告。某队第一次违反规定，判延误警告，出示黄牌；第二次出现时，须给予该队延误判罚，出示红牌；之后再次出现，仍给予红牌判罚。延误警告是针对全队的。

国内比赛的管理工作是大多数裁判员较为薄弱的环节，这是由多种因素造成的，人际关系、情面观念、比赛环境、业务生疏、执法松懈，多年来养成了不敢严格执裁和管理的习惯。而第2裁判员对自己在管理中的作用，又往往认识不足，片面地认为管理主要是第1裁判员的责任，忽视了自身的职责。大量场下的管理工作只有第2裁判员的管理最为有利，他移动范围大，观察面广，替补席、准备活动区、无障碍区、记录台、快擦手等，均在他的控制范围内，需要做的工作很多。因认识不足，第2裁判员对场上发生的问题就产生了视而不见、见而不管、管而不严、严不到位的现象。因此，裁判员首先要掌握规则，秉公执裁，其次要善管、会管、敢管，敢于担责。比赛中第2裁判员须加强观察、控制、管理，但无处罚权。由第1裁判员视场上出现的问题，予以相应的处罚。这样在比赛的管理工作就会大大加强。

3. 比赛后

比赛结束时，双方全体运动员在各自的场地端线处站立，第1裁判员鸣哨示意后，运动员至网前相互致意后退场，裁判员返回记录台处，和教练员握手致意、以诚相待、以礼待人。

第1裁判员召集双方队长至记录台前签字，确认比赛结果，如在比赛中场上队长有过声明，提出抗议，允许队长在记分表的备注栏中写出抗议，未经声明，赛后不允许队长在备注栏写出抗议。

裁判员需观察赛后双方运动员的行为及言行，是否有过激之处。

裁判员检查记分表，逐项核对，经记录员、裁判员签字后交给比赛值班的技术代表或裁判员代表进行检查（必须做），全部工作程序完成后要感谢裁判组成员。

裁判员永远不要在比赛现场讨论当时的比赛和对比赛进行评论，永远不要和运动队成员发生任何争执，要不争论、不解释、不刺激、不激动、不动容、不表功、不讨好、不炫耀。

永远记住裁判员的工作是在为运动员服务，为竞赛服务，不是在表现自我。赛后裁判员应默默地离去，回去总结，准备下一场比赛。

专题六：裁判员工作程序

（一）裁判员基本工作程序

1. 比赛前

（1）裁判员须按赛前仪式进行比赛的准备。

（2）在每场比赛前45分钟裁判员必须着正式服装。

（3）第1裁判员、第2裁判员、替补裁判员及记录员、司线员应该接受组委会医生的酒精测试。

（4）如果第1裁判员没有准时抵达赛场，第2裁判员应该在请示管理委员会并获得授权后开始比赛的各种准备。

（5）如果第1裁判员无法到达或者没有通过酒精测试，以及任何身体原因无法承担裁判任务，第2裁判员须接替第1裁判员，替补裁判员接替第2裁判员。至于由谁承担替补裁判员的工作任务，比赛组织者和新任第1裁判员共同决定。

2. 比赛中

（1）发球时，第1裁判员检查发球队的位置，第2裁判员检查接发球队的位置，第2裁判员的站位应在接发球队一侧。发球后，第2裁判员在网柱后沿边线移动，最远不能超过进攻线。当某队进攻时，其站位应在拦网队一侧，因此比赛过程中他必须不断迅速变换位置。

（2）第1裁判员的视线始终随球而动，首先观察运动员的各种击球行为，再行观察球与场上设施或其他物体的接触。进攻性击球时，他的主要视线注视进攻队员，余光注视球。当球在球网上沿时，其视线应与网的垂直平面一致。

（3）第2裁判员如果发现球队席或在准备活动区内的运动队成员有违背规则的行为，当球成死球时，应立刻告知第1裁判员。第1裁判员是唯一可以对运动队非技术性犯规进行处罚的裁判员。

（4）当第2裁判员对接发球队进行位置错误判罚时，必须立即出示手势，并指明位置错误发生在哪两名运动员之间。

（5）依据规则，首先发生的犯规将被判罚。第一和第2裁判员在不同区域执行不同职责，两名裁判员之一任何鸣哨都将使球成为死球。因此强调裁判员一旦发现犯规应立即鸣哨。这意味着，一名裁判员鸣哨宣布死球时，另一名裁判员不要再鸣哨。如果两名裁判员相继鸣哨指出不同的犯规，必然引起运动员和观众的困惑。

（6）通常是第2裁判员在死球时批准暂停或换人的请求，当他在死球时没有注意到该请求的提出时，第1裁判员应及时鸣哨批准暂停。

（7）比赛期间，第2裁判员如果观察到双方运动员有手势或语言上的不良行为，当比赛成死球时，应告知第1裁判员，第1裁判员则根据不良行为的程度立即进行处罚。

（8）慢镜头回放

在国际排联、世界和正式比赛中，主播电视台在得到组委会和国际排联管理委员会同意后，可以在比赛期间进行慢镜头回放。电视台应在第1裁判员一侧网柱的顶端放置一个微小电子灯泡，灯泡可在死球时闪亮，意味着正在进行慢镜头回放。第1裁判员此时要暂缓下一发球的开始。

慢镜头回放每局最多8次，每次不超过7秒。

（9）局间休息（规则18.1）

规则规定：“应比赛组织者的要求，第二、三局之间的休息时间可以延长至10分钟。”此时，裁判员和运动队应离开比赛场区回到休息室进行休息，在下一局比赛开始前3分钟回到赛场。

正常（3分钟）1—4局间：

运动队：每局比赛结束时，每队的6名运动员回到端线处，在第1裁判员做出手势后交换场地，当运动员通过球网后立即回到各自的球队席。

记录员：当裁判员鸣哨结束一局的比赛时，记录员应开始用计时器计时。2分30秒时，第2裁判员鸣哨或由记录员按响蜂鸣器。

运动队：在第 2 裁判员的召唤下，登记在下一局比赛位置表中的运动员进场。

裁判员：第 2 裁判员将根据位置表核对运动员的位置，核对完毕后，可进行自由防守队员替换。

捡球员把球交给发球队员。

3 分钟时，第 1 裁判员鸣哨发球。

决胜局之前的局间：

第 4 局比赛结束时，每队的 6 名运动员回到端线处，在第 1 裁判员做出手势后回到各自的球队席。

队长：立即到记录台前准备选边。

裁判员：到记录台前进行选边。2 分 30 秒时，第 2 裁判员鸣哨或由记录员按响蜂鸣器。

运动队：在第 2 裁判员的召唤下，登记在下一局比赛位置表中的运动员进场。

裁判员：第 2 裁判员将根据位置表核对运动员的位置，核对完毕后他/她允许自由防守队员进行替换并把球给发球队员。

3 分钟时，第 1 裁判员鸣哨发球，决胜局比赛开始。

决胜局当领先队的比分达到 8 分时：

运动队：每队的 6 名运动员回到端线处，在第 1 裁判员做出手势后交换场地，运动员通过球网后立即返回各自的场上位置。

裁判员：第 2 裁判员须核对发球轮次的站位是否正确（每个队在 1 号位的运动员是谁），此时记录员为后续的比赛进行记录准备。当他们各自的工作结束时举手向第 1 裁判员示意，比赛继续开始。

暂停、技术暂停和局间，第 2 裁判员须让运动员离开比赛场地回到球队席附近，以便于擦地员对场地的擦拭。

3. 比赛后

国际排联要求，两名裁判员此时在裁判台前站立。两支运动队回到端线。第 1 裁判员鸣哨后，队伍沿边线走向裁判员进行握手致谢，然后沿球网两边握手并回到球队席。第 1 裁判员、第 2 裁判员到记录台处检查记录表并签字，同时感谢记录员和司线员的工作。

注意：此时裁判员工作还未结束！运动队还在场区，还会出现不良行为。此时发生的任何不良行为，裁判员必须进行管理并向管理委员会报告，同时登记在记录表上。

国际比赛前仪式根据赛前在是否有训练场馆，球网和球分为 A、B 两个方案。

国际比赛前仪式——A 方案

国际排联的官方比赛，如比赛场馆有训练馆，赛前至少有 40 分钟运动队准备活动时间。

时间	描述	裁　判	运动队
	娱乐时间。	裁判员检查换人牌和比赛所有的必需设备（记录表、蜂鸣器、自由人上衣等），包括备用器材。	＊运动队在训练馆做热身活动。 ＊在官方的赛前仪式前运动队不能进入比赛场地。
赛前 22 分钟		＊第 1 裁判员、第 2 裁判员判检查网高。	＊两支运动队与教练一起在运动席坐好。 ＊运动队穿好正式的比赛服装。
赛前 21 分钟	挑边决定发球方和场地。	＊在记录台前挑边，之后第 1 裁判员要确认记录员已知道挑边结果。 ＊挑边后，两名裁判员在运动队前等待，司线员两两分开各站裁判员后边。	＊挑边后，队长和教练在记录员的记录表上签字（有电子记录表时在名单后）。 ＊如果有两个自由人，签名前教练要确认哪个自由人第一个上场。
赛前 20 分钟	播音播报辅助工作人员入场。		
赛前 19 分钟	＊运动队进入场地。 ＊播音播报比赛运动队和比赛场次。 ＊握手。	＊两名裁判员站立于记录台前网柱两侧，第 1 裁判员站立于 A 队方、第 2 裁判员站立于 B 队方。 ＊播音播报比赛开始后第 1 裁判员立刻吹哨。	＊各运动队列队站立于底线处。 ＊当第 1 裁判员吹哨后，全体运动员成横排同时走向球网，一一对应，和对方队员握手。

时间	描述	裁　判	运动队
赛前18分钟	网前正式准备活动，检查第一场位置表。	＊第1裁判员鸣哨示意网前准备活动开始（6分钟）。 ＊第2裁判员要确认各运动队的教练或助理教练上交一份原件和两份复印的第一场的位置表。 ＊第2裁判员立即将两份或两份以上复印的位置表交给比赛技术代表，原件交给记录台。 ＊比赛技术代表是唯一指定可将位置表交给主播电视台和技术统计联络员的人。 ＊在准备活动期间，裁判员检查比赛用球，并对记录员、司线员和辅助工作人员做必要的指导。	＊运动队开始在网前做准备活动（6分钟）。 ＊运动队穿上正式比赛服装做准备活动。
赛前8分钟	正式准备活动结束。	第1裁判员吹哨宣布正式热身结束，两名裁判员向技术代表请示开始比赛。	准备活动后运动员返回替补席。
赛前7分钟	＊奏两队国歌。 ＊旗手随着运动员们站在场地中间，距记录席最近的旗手要站在进攻线和边线的交界处。 ＊奏各国国歌时，旗手要将旗举至45度角。 ＊奏国歌后旗手们持国旗走出场地。	裁判员站在记录席前的边线前，进入场地中间，然后面向记录席。 奏国歌时，播放哪国国歌，裁判员需将身体45度角面向该国国旗。 奏完国歌，第1裁判员需立即吹哨。	＊运动员和裁判员站在记录席前的边线前，进入场地中间，然后面向记录席。 球队替补席前等待介绍。 ＊球队官员、6个始发队员和场上自由人坐在长凳上，其他队员在替补席附近或准备活动区内。
赛前3分钟	第一次短暂奏乐。		

时间	描述	裁 判	运动队
	介绍裁判员。	＊奏短乐，同时裁判员们进入场地，靠近球网站立，面向记录席，播音员介绍裁判员。 ＊介绍完毕后，两裁判员握手，第1裁判员走到裁判椅处，第2裁判员回到记录台前。	
赛前2.5分钟	第二次短暂奏乐。		
	介绍主力队员、场上自由人和教练员。		＊宣读名字时，A队的每个主力队员和场上自由人挥手进入场地。 ＊介绍A队教练。 ＊同样方式介绍B队。 ＊替补队员将在替换上场时介绍。
介绍完主力队员、场上自由人和教练		＊第2裁判员将4个球分别给1号、2号、4号、5号位捡球员，对比站位表检查运动员站位，然后允许场上自由人进入场地。询问记录员是否已检查完站位和准备开始比赛。 ＊把比赛用球交给发球员，举起双手，面向第1裁判员，示意已准备好。	
赛前0分钟		比赛开始，第1裁判员吹哨允许发球。	

注：所有比赛必须按照公开的日程时间进行，如果因为上一场比赛延误了比赛，正式的赛前仪式将在上一场比赛结束以及场地整理干净后进行。经过技术代表和裁判员代表确认后，裁判员将把开球时间告知双方教练员。

国际比赛前仪式——B 方案

主办单位不能在比赛馆提供单独的准备活动馆。

时间	描述	裁判员动作	球队动作
	娱乐时间。	裁判员检查换人牌和比赛所有的必需设备（记录表、蜂鸣器、自由人上衣等），包括备用器材。	＊运动队在训练馆做热身活动。 ＊在官方的赛前仪式前运动队不能进入比赛场地。
赛前 32 分钟		＊第 1 裁判员、第 2 裁判员检查网高。	＊两支运动队与教练一起在运动席坐好。 ＊运动队穿好正式的比赛服装。
赛前 31 分钟	挑边决定发球方和场地。	＊在记录台前挑边，之后第 1 裁判员要确认记录员已知道挑边结果 ＊挑边后，两名裁判员在运动队前等待，司线员两两分开各站裁判员后边。	＊挑边后，队长和教练在记录员的记录表上（有电子记录表时在名单后）签字。 ＊如果有两个自由人，签名前教练要确认哪个自由人第一个上场。
赛前 30 分钟	播音播报辅助工作人员入场。		
赛前 29 分钟	＊运动队进入场地。 ＊播音播报比赛运动队和比赛场次。 ＊握手。	＊两名裁判员站立于记录台前网柱两侧，第 1 裁判员站立于 A 队方、第 2 裁判员站立于 B 队方。 ＊播音播报比赛开始后，第 1 裁判员立刻吹哨。	＊各运动队列队站立于底线处。 ＊当第 1 裁判员吹哨后，全体运动员成横排同时走向球网，一一对应和对方队员握手。
赛前 28 分钟	准备活动。		运动队在场地上用球但不用球网做准备活动。
赛前 18 分钟	网前正式准备活动，检查第一场位置表。	＊第 1 裁判员鸣哨示意网前准备活动开始（6 分钟）。 ＊第 2 裁判员要确认各运动队的教练或助理教练上交一份原始的和两份复印的第一场的位置表。	＊运动队开始在网前做准备活动（6 分钟）。 ＊运动队穿上正式比赛服装做准备活动。

时间	描述	裁判员动作	球队动作
赛前18分钟		＊第2裁判员立即将两份或两份以上复印的位置表交给比赛技术代表，原件交给记录台。 ＊比赛技术代表是唯一指定可将位置表交给主播电视台和技术统计联络员的人。 ＊在准备活动期间，裁判员检查比赛用球，并对记录员、司线员和辅助工作人员做必要的指导。	
赛前8分钟	正式准备活动结束。	第1裁判员吹哨宣布正式热身结束，两名裁判员向技术代表请示开始比赛。	准备活动后运动员返回替补席。
赛前7分钟	＊奏两队国歌 ＊旗手随着运动员们站在场地中间。距记录席最近的旗手要站在进攻线和边线的交界处。 ＊奏各国国歌时，旗手要将旗举至45度角。 ＊奏国歌后旗手们持国旗走出场地。	裁判员从记录席前的边线前，进入场地中间，然后面向记录席。 奏国歌时，播放哪国国歌，裁判员需将身体45度角面向该国国旗。 奏完国歌后，第1裁判员需立即吹哨。	＊运动员从记录席前的边线前，进入场地中间，然后面向记录席。 球队替补席前等待介绍。 ＊球队官员、6个始发队员和场上自由人坐在长凳上，其他队员在替补席附近或准备活动区内。
赛前3分钟	第一次短暂奏乐。		
	介绍裁判员。	＊奏短乐同时，裁判员们进入场地，靠近球网站立，面向记录席，播音员介绍裁判员。 ＊介绍完毕后，两裁判员握手，第1裁判员走到裁判椅处，第2裁判员回到记录台前。	
赛前2分半钟	第二次短暂奏乐。		

时间	描述	裁判员动作	球队动作
	介绍主力队员、场上自由人和教练员。		＊宣读名字时，A 队的每个主力队员和场上自由人挥手进入场地。 ＊介绍 A 队教练。 ＊同样方式介绍 B 队。 ＊替补队员将在替换上场时介绍。
介绍完主力队员、场上自由人和教练		＊第 2 裁判员将 4 个球分别给 1 号、2 号、4 号、5 号位捡球员，对比站位表检查运动员站位，然后允许场上自由人进入场地。询问记录员是否已检查完站位和准备开始比赛。 ＊把比赛用球交给发球员，举起双手，面向第 1 裁判员，示意已准备好。	
赛前 0 分钟		比赛开始，第 1 裁判员吹哨允许发球。	

注：所有比赛必须按照公开的日程时间进行，如果因为上一场比赛延误了比赛，正式的赛前仪式将在上一场比赛结束以及场地整理干净后进行。经过技术代表和裁判员代表确认后，裁判员将把开球时间告知双方教练员。

国际比赛前仪式播音表

时间 IPA	时间 IPB	描　述
20 分钟	30 分钟	(场地辅助工作人员入场) “女士们先生们，有请辅助工作人员入场。”
19 分钟	29 分钟	(运动员入场) 运动员入场后： “上午/中午/下午好，女士们先生们，欢迎观看（比赛名字）比赛场次××队对××队。”
18 分钟	18 分钟	“现在是网前热身时间。”
7 分钟	7 分钟	(运动员入场) 运动员站好队后： “全体起立，奏 A 队国歌，奏 B 队国歌。”
3 分钟	3 分钟	第一次短暂奏乐。 介绍国际裁判： “第 1 裁判员是来自××的××先生/女士。” “第 2 裁判员是来自××的××先生/女士。”
2.5 分钟	2.5 分钟	二次短暂奏乐。 介绍首发队员、自由人和教练。首先介绍 A 队—左侧球队，然后是 B 队。如果 A 队是主队，就先介绍 B 队。

IP（国际规定，A 方案或 B 方案）

和记录员核对信息

运动队__________	运动队__________
____号__________	____号__________
____号__________	____号__________
____号__________	____号__________
____号__________	____号__________
____号__________	____号__________
____号__________	____号__________

首发自由人____号　名字__________　首发自由人____号　名字__________

第二自由人____号　名字__________　第二自由人____号　名字__________

教练 先生/女士__________　教练 先生/女士__________

技术暂停 暂停 换人	第一次/第二次技术暂停。　　　第一次/第二次技术暂停结束。 __________队暂停。 __________队换人，××号下，××号上。

中国排球联赛广播稿

赛前广播：

赛前15分钟：

第1裁判员鸣哨进行正式准备活动时，广播员宣告："现在进行网上正式准备活动。"

赛前4分钟：裁判员、运动员入场时，广播员宣告：

"女士们、先生们，大家下午好（晚上好），欢迎你们前来观看20××—20××年全国男子（女子）排球联赛，本场比赛为第××场比赛，由××队—××队，请全体起立，奏中华人民共和国国歌。"

赛前2分30秒播放第一次短乐。

介绍裁判员：担任本场比赛的

第1裁判员__________　级别__________省市__________

第2裁判员__________　级别__________省市__________

播放第二次短乐后，介绍运动员（顺序从小号至大号、自由防守队员、主教练）。

A队__________　　　　B队__________

号__________　　　　号__________

号__________　　　　号__________

号__________　　　　号__________

号__________　　　　号__________

号__________　　　　号__________

号__________　　　　号__________

自由防守队员__________　　　　自由防守队员__________

主教练__________　　　　主教练__________

比赛时广播：

技术暂停：第一至第四局每逢领先队达8分和16分时，自动进入技术暂停。

由辅助记录员控制时间30秒，蜂鸣器响后广播：

第一次技术暂停　　第一次技术暂停结束

第二次技术暂停　　第二次技术暂停结束

暂停：双方运动队第 1 局至第 5 局，每局各有 2 次教练员请求暂停机会，由第 2 裁判员鸣哨控制时间（30 秒），哨响后看第 2 裁判员手势再宣告。

××队请求第一次暂停　暂停结束

××队请求第二次暂停　暂停结束

每局双方运动队各有 6 人次换人，快速换人时，广播员须和记录员进行配合，广播不能抢在记录前进行播报，如遇双方同时换人，以 A 场地队员先换。广播宣告：××队请求换人，×号下，×号上，新上场队员要报名字（换人广播先报上场队员，然后再报下场队员）。

某队换人满 6 人次时：广播宣告某队换人已达 6 人次。

延误警告和延误判罚：比赛间断时，某队出现延误比赛行为，经第 1 裁判员判罚，记录员登记时，广播要宣告某队因延误比赛，给予延误警告。同一队再次出现延误比赛，被第 1 裁判员判罚时，广播宣告某队因再次延误比赛，给予延误判罚，失 1 分。

不良行为的警告：整场比赛中如比赛队成员出现不良行为，被第 1 裁判员判罚后，广播员根据裁判员判罚程度，宣告判罚等级（见不良行为判罚等级表）。

如果需要，每局比赛结束时，广播员要宣告：第×局比赛结束，某队以×比×领先。全场比赛结束时，广播员要宣告：某队以×比×获胜。

裁判员主要工作流程示例

1. 赛前抵达

裁判员在接受一次比赛任务后，须在赛前 72 小时（3 天）携带裁判装备抵达比赛城市。

裁判员要协助管委会对器材继续检查，下表是 2010 年广州亚运会赛前检查器材的清单。

第16届亚运会排球项目所需器材清单

序号	器材名称	功能与规格描述	所需数量				推荐品牌	备注
			比赛场地	训练场地	热身场地	总数		
1	比赛用球（含气针）	MIKASA MVP200	400	300	200	900	MIKASA	亚排联已经指定
2	电动充气泵	训练场地、比赛场地各1个	4	5		9	国产品牌	
3	手动气泵	训练场地、比赛场地各1个	4	5		9	国产品牌	
4	网柱	每场地1副，1副2个	4	5	6	15	日本SENOH	亚排联已经指定
5	球网（含标志带）	标志带与网柱总数量相同，1副2个	4	5	6	18	日本SENOH	备份3片球网
6	标志杆	与网柱总数量相同，1套2个	4	5	6	18	日本SENOH	备份3套
7	换人牌	每块比赛场地2套	8			10	国产品牌	备份2套
8	记录台		4			4	国产品牌	
9	球队席10人座		16	20		36	国产品牌	
10	裁判员专用哨	每名裁判员1个	100			100	MIKASA或SENOH	
11	球压计		4	5		9	MIKASA	
12	战术演示板	每块比赛场地、训练场和运动员休息室内各1块	8	5		30	120厘米宽、90厘米高，可移动立式白板	休息室16块，备份1块

序号	器材名称	功能与规格描述	所需数量				推荐品牌	备注
			比赛场地	训练场地	热身场地	总数		
13	电子蜂鸣器		4			6	国产品牌	备份 2 个
14	计时表		4	5		9	国产品牌	
15	秒表		4			6	国产品牌	备份 2 个
16	司线旗		40			40	国产品牌	
17	红黄牌	每名裁判员 1 套	100			100	MIKASA	
18	挑边器	每名裁判员 1 个	100			100	MIKASA	
19	球车		16	20		36	国产品牌	
20	球架		4			5	国产品牌	备份 1 个
21	马扎		80			80	国产品牌	
22	场地 1 米宽拖把		70	30		100	国产品牌	
23	网高量杆		4	5		10	国产品牌	备份 1 个
24	球包		60	30		90	国产品牌	
25	球周长丈量仪		4			5	国产品牌	备份 1 个
26	球重量丈量仪		4			5	国产品牌	备份 1 个
27	橡胶轮推车		16	20		36	国产品牌	
28	裁判椅		4			4	日本 SENOH	
29	立式记分牌		8	10		18	国产品牌	
30	手动翻分牌		12	5		18	国产品牌	备份 1 个
31	网柱护套	1 副 2 个	4	5		9	日本 SENOH	亚排联已经指定
32	网柱预埋插穴	1 副 2 个	4	5		9	日本 SENOH	亚排联已经指定

序号	器材名称	功能与规格描述	所需数量				推荐品牌	备注
			比赛场地	训练场地	热身场地	总数		
33	场地塑胶地面	标准场地	4	5	6	15	GERL-FLOR	亚排联已经指定
34	白色界限胶带		1000	500	500	2000米	GERL-FLOR	亚排联已经指定
35	红色界限胶带		300	100	100	500米	国产品牌	
36	温度湿度计		8	5	4	9	国产品牌	备份1个
37	毛巾	擦球和场地	1000	200		1200	国产品牌	
38	酒精测试仪		4			6	国产品牌	备份2个
39	运动员浴巾	运动员比赛时擦汗	800	200		1000	国产品牌	

说明：应组委会要求，推荐品牌以国产并达到亚洲单项组织认可的品牌为主；尽可能使用国产品牌。

2. 培训班

比赛前将举办裁判理论和实践培训班。出席的人员包括：裁判员、记录员、司线员、擦地员、捡球员和广播员。

3. 裁判讲评

为了保证裁判水平处于最佳状态，每天都要召开裁判讲评会，由裁判委员会评价已结束比赛工作中的优缺点。

4. 裁判任务通知

提前12小时或赛前45分钟，通知第1裁判员、第2裁判员和替补裁判员的工作任务。

如属赛前通知，要求所有裁判员携带裁判装备在裁判员休息室等候。

5. 酒精测试

赛前将对裁判员和替补裁判员进行酒精测试。记录员和司线员被随机挑选进行测试。测试由指定医生当着裁委会委员的面进行。

6. 行为举止

所有参加国际排联各种比赛的裁判员，其行为举止应被人尊敬和效仿。

从他们抵达直到离开比赛举办城市，都要严格遵守由特别裁判委员会通知的所有活动时间，并且无论在赛场内外都要保持裁判员的形象。

裁判委员会授权对裁判员的各种违规行为进行暂停直至取消此次裁判资格的处罚。

（二）丈量比赛场地的程序

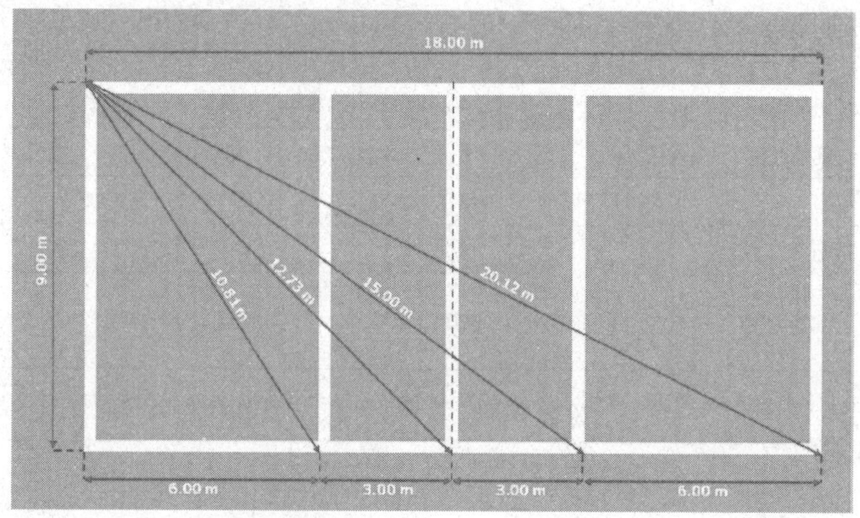

1. 丈量边线、进攻线、中线

2. 丈量进攻线、对角线

3. 丈量对角线

4. 丈量无障碍区、进攻线沿线、教练员限制线

5. 丈量替补席、判罚席、准备活动区

（三）暂停的程序

暂停和技术暂停时，第 2 裁判员不能无所事事，他需要按照程序工作。

1. 确认擦地员已经正确工作。
2. 确定运动员回到球队席附近。
3. 接近记录员并检查他/她的工作。
4. 向助理记录员获取自由防守队员位置情况。
5. 再次检查擦地员的工作。
6. 如果需要，向第 1 裁判员收集或者提供信息。
7. 制止暂停结束前运动队提前回到场地里，以及指出后排自由防守运动员在替补席上就进行了替换的“隐形替换”。

（四）换人的程序

换人必须在换人区内进行。换人时所持续的时间，仅限记录员登记和队员进出场必需的时间。换人时的程序：

1. 替补队员在比赛间断时只要进入了换人区，并且做好了比赛的一切准备，就是提出了实际的换人请求。除了因为受伤或第 1 局开始前请求换人，教练员不需要做出换人手势。对没有做好准备的请求应给予拒绝，并判为延误比赛。

2. 第 2 裁判员或记录员应该以哨声或蜂鸣器认可换人的请求，除非该换人被记录员指示为违规，第 2 裁判员要站在网柱和记录台之间做出手势（前臂交叉）示意队员穿过边线进行交换。国际排联、世界和正式比赛中，队员换人时须使用换人牌。

3. 如果一个球队想要进行多人次换人，则所有替补队员都必须同时进入换人区以被作为同一个换人请求进行考虑。第 2 裁判员要等待记录员举起双手的手势，前一次换人被登记完毕后再进行下一组替换，一对一对地进行替换，直至所有换人按次序完成。

4. 如果在做出多人次换人请求时，没有任何运动员靠近换人区以准备好进入场地，那么此次换人应该被拒绝，但不进行判罚；如果其中一个替换是违规的，其他符合规定的换人将正常进行，不合法的替换将被拒绝并判延误。

5. 新换人方法的目的是使换人过程更加快速并保证比赛的流畅，从而使没做好准备而判延误比赛的可能性减至最低。掌握换人程序是第 2 裁判员和记录员的职责，如果看到换人没有进入换人区不用按响蜂鸣器或鸣哨，没有造成延误比赛的事实只是被第 2 裁判员拒绝，不进行判罚。

（五）比赛中出现严重受伤事故的处理程序

比赛中出现严重受伤事故，处理程序如下。

1. 裁判员应该立即中断比赛，允许医务人员进入场地，该球重新比赛。

2. 对受伤（生病）队员进行合法换人。

3. 如果不能进行正常换人，允许球队进行特殊换人，不受“换人的限制”约束，任何一个场下的队员都可以替换。经特殊换人替换下场的队员，本场比赛不得再次上场比赛。特殊换人不计入球队的常规换人次数。

4. 如果不能进行正常换人和特殊换人，则给予受伤队员 3 分钟的恢复时间。一场比赛同一名队员只能给予一次供恢复的时间；如果队员不能恢复，该队被宣布为阵容不完整。

（六）不良行为（红黄牌）的判罚程序

对于运动队成员各种不良行为的处罚，由第 1 裁判员做出决定。

1. 如果场上成员出现不良行为

第 1 裁判员必须鸣哨（一般在死球时，对严重不良行为尽快宣判），将犯规队员召唤到裁判台前。当运动员接近时，第 1 裁判员出示适当的红、黄牌用英语（国际比赛）说“我给判罚”“判罚出场”或“取消比赛资格”。

第 2 裁判员获悉后要立即指示记录员将判罚在记录表上进行登记。

如果记录员认为判罚没有按规则规定的等级进行，应立刻通知第 2 裁判员，第 2 裁判员核实后应告知第 1 裁判员予以改正。如果第 1 裁判员不接受记录员和第 2 裁判员的忠告进行改正，记录员必须将情况在记录表的备注栏中注明。

2. 被判罚的成员不在场上时

第 1 裁判员首先鸣哨，将队长召唤到裁判台前用英语（国际比赛）告知并同时出示适当的红、黄牌“我给某运动员（或教练等）判罚”“判罚出场”或“取消比赛资格”。队长应返回球队席告知该成员站起来举手示意。

当该成员举手示意时，第 1 裁判员要清楚地展示红、黄牌，让运动队、第 2 裁判员、记录员和观众知晓。

3. 间断时的处罚

如果判罚发生在局间，第 1 裁判员应该在下一局比赛开始时出示红牌。如果发生在技术暂停期间，电子屏操作员应在技术暂停后修改屏幕上的比分。

如果在局间给予某名运动员判罚出场或取消比赛资格的处罚，第 1 裁判员应该在该局比赛开始前请队长通知教练员（避免运动队被双重处罚）并出示相应的红、黄牌（红牌 + 黄牌同持一手或两手分持红牌和黄牌）。

比赛期间，裁判员一定注意严肃赛场纪律，当各种不良行为发生时坚决予以判罚。但裁判员要注意判罚的时机和尺度，不能对任何小的过失吹毛求疵。所有裁判员、运动员和教练员都要清楚不良行为与延误比赛以及相应手势之间的区别。

（七）替补裁判员的工作职责程序

1. 在第2裁判员不能工作或第2裁判员替代第1裁判员工作时，承担第2裁判员工作任务。

2. 比赛前和局间管理换人牌。

3. 比赛前和局间检查蜂鸣器，出现问题联系解决。

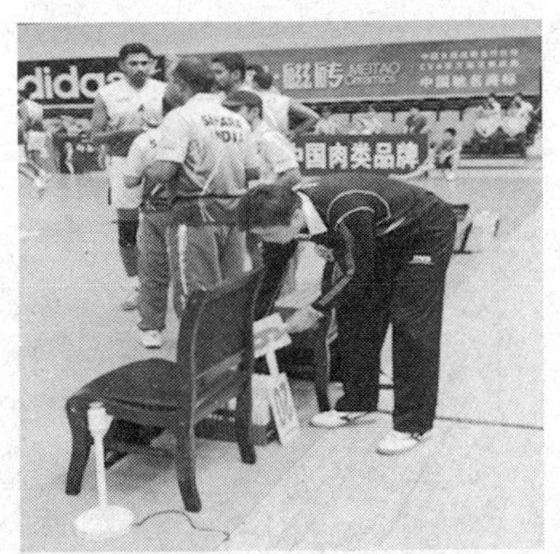

4. 协助第2裁判员管理无障碍区和判罚区。

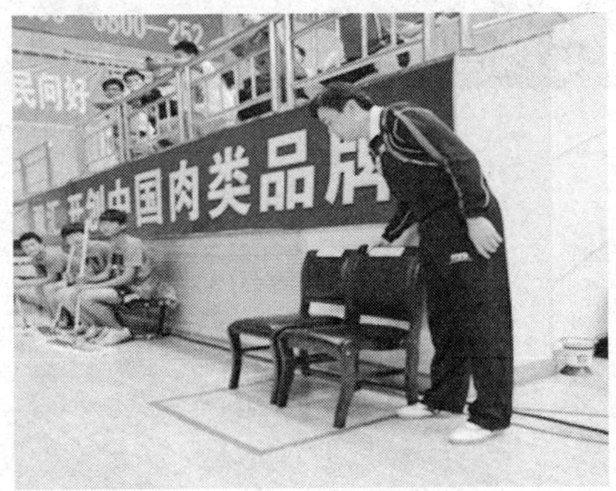

5. 注意准备活动区和队员席上运动员的行为。

6. 赛前比赛仪式介绍双方运动队后交给第2裁判员两个比赛用球。

7. 比赛前，当第 2 裁判员核对完位置后，再交给第 2 裁判员一个比赛用球。

8. 协助第 2 裁判员指导擦地员的工作。

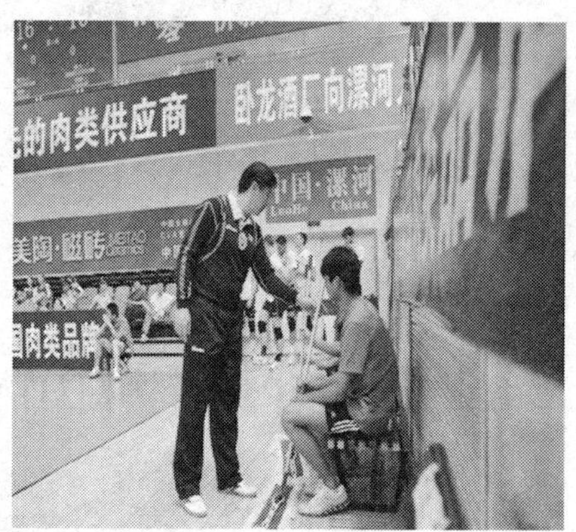

专题七：裁判员相互之间的配合

排球比赛中裁判员相互配合是裁判工作中的一项重点。一场正式的比赛，裁判员有 5～8 人，规则中指明了裁判组中每一名成员的权利和责任，而且权利和责任各不相同。裁判组要完成好一场比赛的任务，每个裁判员仅仅做好自己的工作是不够的，相互之间必须有完美的配合；裁判组中的每一名裁判员就像一场音乐会中的各种乐器，分工不同，在不同的时间需要不同的乐器，需要完美地配合，才能演奏一场完美的音乐会；一场比赛只有整个裁判组共同努力，密切配合，相互帮助，相互补台，才能很好地完成任务。裁判员之间的配合有第 1 裁判员和司线员、第 1 裁判员和第 2 裁判员、第 2 裁判员和记录员之间的配合。

（一）裁判员之间配合的要求

1. 每个裁判员要各尽其责

裁判员之间的良好配合，是建立在每个裁判员在不同的岗位上认真负责和准确判断的基础上的，要求裁判员要正确对待分工，兢兢业业地坚守岗位，如果常出错判，就谈不上裁判员之间的配合，整个裁判工作就不可能做好，甚至会影响比赛的顺利进行。

2. 每个裁判员的判断要及时

裁判员之间的相互配合，还要求每个裁判员的判断及时，例如进攻队和防守队都出现犯规；如发球失误与位置错误；一方触网，另一方过中线；过中线与球落地等，第 1 裁判员、第 2 裁判员都会鸣哨，在这种情况下，鸣哨的先后就成为判断犯规的重要参考因素，如果鸣哨不及时，就可能造成反判。因此，判断必须及时，哨音必须响亮，并且只吹一声，避免多哨音。

3. 每个裁判员之间要相互尊重

裁判员之间要在相互尊重的基础上，互相帮助，纠正错误的判断，做出最后的正确判定。规则明确规定第 1 裁判员根据规则所做出的判定为最终决定。当他认为其他裁判员判断错误时，他有权改判。虽然规则给予第 1 裁判员这一职权，但他首先应尊重其他裁判员的判断，即使对其他裁判员的判断有疑问，也不要轻易改判，只有在看准而且有把握的情况下才能进行改判。改判后，必须做出最后判定的明确手势，否则可能造成其他裁判员、双方队员和观众的不理解。其他裁判员在第 1 裁判员提出疑问时，应陈述自己的看法，协助第 1 裁判员做出最后判定，当第 1 裁判员做出最后判定后，其他裁判员就不要再坚持自己的原判断而造成不必要的纠纷，使比赛间断。其他裁判员如发现第 1 裁判员的判断有错误（持球、连击、过网击球等除外）应据实报告，第 1 裁判员应实事求是地做出最后判断，并重新做出明确的手势。

4. 裁判员之间要经常保持联系

裁判员之间应保持联系，以使比赛顺利进行，避免出现不必要的差错，如第 1 裁判员应随时注意观察第 2 裁判员的手势、司线的旗示；换人时，第 1 裁判员应等记录员登记完毕示意后再鸣哨发球；暂停时，记录员应以手势示意两队暂停的次数，使第 1 裁判员、第 2 裁判员随时掌握两队要求暂停的次数，避免延误比赛的情况发生。

（二）第 1 裁判员和司线员

司线员的工作非常重要，司线员的错误判断往往是引发教练员和裁判员之间矛盾的导火索。因为司线员的判断错误导致比赛中断，教练员对裁判员判罚不满的情况在各级比赛中时有发生。作为第 1 裁判员必须依靠司线员，但不能依赖司线员；作为司线员必须积极主动地为第 1 裁判员提供帮助，但不能添乱。为了更好地加强第 1 裁判员和司线员之间的配合，应该注意以下几点。

在赛前第 1 裁判员要和司线员进行沟通，这里说的沟通不仅仅是第 1 裁判员提要求，司线员听着这么简单。第 1 裁判员要把自己的习惯和对司线员的期望告诉司线员，要让司线员清楚如何去配合他。例如；有些裁判员要求司线员对网上触手出界给出旗示，而有些裁判员要求司线员不要出旗示，只对后排触手出界给出旗示；又例如配置四名司线员的时候，当发球队员靠近 1 号、3 号司线员的时候，司线员必须往后撤，站在发球队员的身后，而只有两名司线员的时候也有裁判员同样要求司线员这么做；这些都是每个裁判员的不同习惯。此外，司线员也可以对裁判员提出希望，这样才能做到大家彼此心中有数，更好地完成裁判工作。

1. 在比赛中，第 1 裁判员每一个球都要环视司线员，这不仅是尊重的问题，而且是相互配合、相互信任的问题。往往有些裁判员在一些简单的或比较清楚的问题上根本不看司线员，只是自己判断，一旦出现复杂情况或疑难情况而司线员没有旗示的时候就会愣在那里，不知如何是好。这种情况必须避免。

2. 在比赛中司线员的判断和第 1 裁判员主观判断不一致的时候，第 1 裁判员必须非常慎重，不是100%的错误尽量不要去改司线的旗示，因为一旦第1裁判员改了司线员的旗示，造成的后果不仅仅影响这一个球，而是会造成运动队不信任司线员，给以后的比赛埋下隐患。

3. 在比赛中第1裁判员要给予司线员充分的支持，一旦出现运动队的成员指责司线员的情况必须立即制止，给予警告或判罚。

4. 打手出界的配合。对于打后排队员手出界的判断，司线员应该积极配合；扣球拦网是否打手，司线员没有100%的把握不用给打手出界旗示。

5. 有时候在比赛中会出现两名司线员一个出界内旗示而另一个出界外旗示，造成完全相反的结果，出现这种情况是由于角上球时，两名司线员没有相互配合，没有眼神的交流，如果能相互看一下再出旗就可以避免。在这种情况下第1裁判员应该判断为界外球。

6. 判断球是否从过网区过网，应该由离飞行路线最近的司线员进行判断出旗。除非是明显的错误，第1裁判员应该尊重司线员的判断。

7. 如果司线员的判断和第1裁判员的判断不一致，司线员不能坚持自己的判断，要无条件地服从第1裁判员。

（三）第1裁判员和第2裁判员

第1裁判员和第2裁判员各有其职，但是在比赛当中应该相互配合，第1裁判员鸣哨做出判断前应该环视第2裁判员和司线员，再做出最终判断；第2裁判员应该主动配合，做到雪中送炭，但是千万不能有锦上添花的想法。第1裁判员和第2裁判员之间的配合很重要，但配合的前提是必须依照规则行使自身的权利和履行自己的职责，只有在这个前提下，通过完美的配合才能完成好比赛的裁判任务。

在赛前，第 1 裁判员和第 2 裁判员要进行交流、沟通，做到彼此心中有数，要有一种默契，包括对比赛双方运动队的认知、对比赛背景的理解程度，等等。

比赛中第 2 裁判员应该用眼神、手势和肢体进行积极的配合，也称为“眼睛语言”“手势语言”“肢体语言”。

第 1 裁判员和第 2 裁判员应该用眼神进行交流，运用好眼睛语言，比赛中做到心领神会、配合默契。

第 2 裁判员除了履行自己的职责，也可以用手势比出其职责范围外的犯规，运用好手势语言。特别是当第 1 裁判员被遮挡看不见犯规时，第 2 裁判员可面向第 1 裁判员，背向记录台，在胸前用短暂的时间做出犯规性质的手势，手势不宜过大，如果第 1 裁判员不接受此判断，第 2 裁判员不能坚持。对于靠近第 2 裁判员一侧的触手出界，第 2 裁判员必须主动配合，不能一开始没有手势，等第 1 裁判员判完界外球了第 2 裁判员才示意触手出界，造成与运动队的矛盾。

第 2 裁判员做所有的手势前，必须移动到因犯规或失误导致丢分的球队一方，既是和第 1 裁判员的配合，又是一种肢体语言，同时也自然地站在了接发球一方，为下一个回合做好准备。

第 1 裁判员和第 2 裁判员之间的配合除了运用好眼睛语言、手势语言、肢体语言外，还应该注意以下几点。

1. 在发球和接发球时

运动员发球时，第 1 裁判员负责看发球一方，有无发球犯规和发球队位置错误等犯规；第 2 裁判员负责看接发球一方，有无接发球队位置错误等犯规。

2. **在扣球和拦网时**

击球和拦网同时进行时，第 1 裁判员负责进攻方，主要判断进攻性击球犯规；第 2 裁判员负责拦网方。

3. **相同的职责**

出现后排进攻性击球犯规和后排拦网犯规，第 1 裁判员、第 2 裁判员都可以鸣哨。

4. **规则的相关规定**

规则规定第 2 裁判员在第 2 次暂停、第 5 次、第 6 次换人后要告诉第 1 裁判员和教练员，不是每次暂停或换人后都要告知第 1 裁判员。比赛中第 2 裁判员没有注意到教练员请求暂停，第 1 裁判员可鸣哨允许暂停。

每局前核对完双方站位表并且确认记录台完成工作，双方运动队都进入比赛场区后，或换人时记录台完成工作后，第 2 裁判员向第 1 裁判员举双手示意，表示所有工作都完成了，可以继续比赛。

专题八：网上球的判断

由于现代排球运动技术水平的飞速发展和运动员身体素质的提高，尤其是网上高度的提高，网上的争夺越来越激烈，网上技术的优劣是决定一场排球比赛胜负的重要因素，因此网上出现的复杂、难以判断的球也越来越多，裁判员能否及时、果断、准确地做出判定，是衡量和评价裁判员水平的一个重要方面 。

第1裁判员的判断重点在3个方面：网上、手上、线上。网上球的判断是重点也是难点。

（一）网上球的概念

关于网上球判断，在排球规则11“球网附近的球”、规则12“球网附近的队员”、规则14“进攻性击球”、规则15“拦网”中都做了明确的规定。裁判员必须认真学习规则，正确理解规则，准确运用规则，要以规则作为裁判工作的依据。

（二）网上球判断的范围

1. 球网附近的球：球通过球网，球触球网，球入球网。

2. 球网附近的队员：队员越过球网，网下穿越、触网，在球网附近犯规。

网上球有下列3种情况：球在球网附近；球在球网垂直面上空；球飞向对区。

（1）球网附近的球

①球网附近的球指在球网附近的相互传球，球的整体高于网上端，但不是飞向对区。裁判员应注意：

——前排球员击球时是否有持球或连击犯规。

——后排球员击球时，裁判员除判断是否持球或连击犯规外，注意是否将完全高于球网的球击入对区或触及对方拦网球员的手。

——拦网球员是否将手伸越对区触及球或触及球网垂直面上的球。

②在球网附近的相互传球，球体低于网上端时，应注意：

——传球时是否有持球或连击犯规。

——对方队员是否有在第一或第二次传球时过网击球犯规。

——不管为前排还是后排运动员，当队员直接将球击向对区时不视为犯规，同时也允许对方球员过网拦球。

(2) 球在球网垂直面上空

球在球网垂直面上空时，无论球体的什么部分出现在双方场区，双方球员都可以击打在本区上空那一部分，裁判员在判断时应垂直正对球网，而判断的关键在于看清击球点的位置及击球的先后时间，并应注意：

——击球点在哪一方场区。

——双方击球有先后顺序时，则依击球先后处理。

——区分各方击球时是攻击还是拦网。

(3) 飞向对区的球

对于飞向对区但尚未过网的球，应注意来球与球网的关系位置，裁判员应注意球体飞行中的下列三个阶段。

①球过网前

——球飞向对方场区但尚未过网时，本方队员可以进行相互传球及进攻性击球。

——本方队员进行与网平行击球或回传时，对方球员不得过网击球。

——本方队员进行进攻性击球后，则允许对方球员过网拦网。

——球有飞向对方的趋势时（无论是第一次击球或第二次击球），在球的附近没有球员准备击球，或在球的附近虽有球员准备击球但不可能击到球时，均允许对方拦网球员过网拦网。反之，在球的附近有球员准备击球，在击球之前或同时，对方拦网球员不得过网击球。

——第三次击球后允许对方拦网球员过网击球。

②球在网上

球飞行到球网垂直面时，则按在球网垂直面上方的球来处理。

③球过网后

——球已飞到对方场区上空，本方队员不得过网击球（无论是击球或拦网）。

——球于对方场区上空，不得比对方球员更早或同时击球。

——如对方采取进攻性击球，则允许本方球员于对方球员击球后过网拦网。

（三）网上球的判断原则

1. 注意球网的假设面

球网上空的假想垂直面是双方的分界线，球在哪一方，哪一方就拥有击球权利。如果球在球网的假想垂直面上空，则允许双方在不过网的情况下触及在本方上空的那一部分球。

2. 确认各种不同的网上球

网上球情况复杂，变化多，球速快，因此，必须准确分析及掌控各种不同情况，做出准确的判定。

3. 正确选择最佳的判决位置及角度

当球在球网附近飞行时，裁判员应选择自己所在位置最有利的观察角度，基本原则是将球、球网及球员收纳于本身视野范围，并注意运用注意力的分配及转移，以利正确分析及判断掌控全部状况。特列举下列几种选择位置及角度的方法。

（1）身体位置正对球网：这个位置便于观察球网垂直上空的球及球飞行于网上端的情况，便于判断球在哪一方的上空及清楚分析球与球网的关系。

（2）身体位置微侧向攻击方：这是裁判员运用最多的方法，尤其是在靠近第1裁判员方时，身体需稍向后撤。这个角度最利于观察攻击球员是否犯规，球是否过网及是否触网犯规。

（3）身体位置的高低：直立前倾，身体位置较高，便于观察远端的球和高球。身体位置降低侧看，便于观察球是否过网，球是否触及拦网球员的手出界和球的整体是否高于球网上端。

（4）身体位置前后：身体位置前移，便于观察远端的球，身体微后移，可扩大视野，便于观察近端双方球员的动作，判断球是否触及标志杆，从标志杆的假想延长上方或外侧通过，以及球是否触及拦网球员的手出界等。

（5）前倾、后撤、微侧左右方、身体高低等动作不宜过大。

4. 必须确定后再判定

裁判员对击球的判定必须在有把握的情况下，才能作出判决。网上球争夺激烈，速度快，尤其是球轻微触手出界和球是否被拦回或击球未过网等问题，必须靠第1裁判员准确的判定，同时也需要其他裁判员的共同配合，切忌做出无把握的判断，同时也不得询问队员或依据队员的表示和反应做判决。

5. 裁判员对网上球的判断

一般来说，击球是否过网是很容易判断的，但在攻击和拦网争夺激烈的复杂状况下，则不容易做到准确的判断。

球已过网：

——球过网前已触及对方拦网球员的手；

——拦网球员的手靠近球网，球触及球网上沿同时触及拦网球员的手；

——球触及球网上沿后反弹触及拦网球员的手。

球未过网：

——球未触及拦网球员的手，从网上反弹回来；

——球击在球网上后，球网触及拦网球员。

判断球是否过网，其主要依据是球是否直接触及拦网球员的手，裁判员在执行时应注意下列情况。

（1）双方准备攻击和拦网时，裁判员身体应稍移向攻击方，视野要广，将攻击球员、球和拦网球员的手都集中在视野之中，视线主要集中在网上端及拦网球员的手上，观察球是否触及拦网球员的手，球员是否触网。余光集中注意进攻球员和球，观察进攻球员击球时是否犯规。

（2）当二传所传的球过低时，攻击手不能完全做攻击动作，第1裁判员视线集中在球网上端及拦网球员的手，判断球是否触及拦网球员的手及进攻

队员是否犯规。

（3）当接发球后，球飞向球网上端，二传不能做出完整传球动作，球可能回传、向上或飞向对方，处理时，第1裁判员应注意观察二传击球时是否犯规（持球、连击和可能是后排攻击）和球是否触及拦网球员的手或拦网球员是否过网击球。

（4）当球击在球网上时，如在第2裁判员一方，在不能肯定球是否触及拦网球员的手时，第1裁判员应观察第2裁判员及司线员是否做出手势，第2裁判员发现球确定未过网时，应及时做出手势协助第1裁判员做出正确的判决。

6. 判断“打手出界”

球在球网上空，双方进行扣拦争夺，经常出现以下情况：

——球触及拦网手的两侧后，飞出界处；

——球触及拦网手的上方后，飞出界外；

——球触及拦网手后又触及标志杆或先触及标志杆后再触及拦网手；

——球同时触拦网手和标志杆；

——靠第1裁判员一侧的球触手、触杆，靠第2裁判员一侧的球触手、触杆。

以上列举的网上扣拦所出现的几种情况，要靠第1裁判员、第2裁判员及司线员的密切配合，既有分工，又有协作，加强预判，观察取位，了解双方技战术情况及个人进攻技巧也是十分重要的。

7. 球员触网犯规判断依据

对于球员触网的判断，第1裁判员与第2裁判员之间需有明确的分工并且密切配合。

（1）分工

当球员在攻击和拦网时，第 1 裁判员主要观察攻击方在球网上端的触球网，第 2 裁判员主要观察拦网方在球网上端的触球网。

（2）判断方法

①第 1 裁判员视线应随着进攻队员起跳而向上，并在网上端有短暂停留，观察进攻队员在攻击后是否有触网犯规及拦网队员在拦网时是否在网上端触网犯规。

②第 2 裁判员首先应注意拦网队员在起跳时有否过中线犯规，接着视线随拦网球员起跳后向上移动，并在网上短暂停留，注意拦网队员是否触网犯规，接着视线由上向下移动，注意拦网队员落地时的情况。

③对于触网犯规的判断，裁判员的视线应一分为二：一是视线集中观察进攻队员和拦网队员是否触网犯规，一是集中视线观察球网是否被球触及。

（3）判断球员触网犯规应注意事项

①在判断前应明确区别是队员触网还是球网触及队员（被动触网）。

②球成死球后球员触网不视为犯规。

③已完成击球行为后所造成的轻微触网，不视为触网犯规，但不得干扰对方活动或影响比赛。

④球员一旦击球后，触及球网全长以外的网柱、网绳或其他物体，不视为犯规。但不得妨碍比赛。

⑤击球过程中触及标志杆以内球网部分为犯规。击球过程包括（但不限于）起跳、击球（或试图击球）、落地。

队员干扰比赛有下列情况（但不限于）：

——击球过程中触及标志杆及标志杆以内球网任何部分；

——利用球网支撑、稳定身体；

——通过触网造成不公平的本方优势；

——妨碍对方进行合法击球的行为；

——拉网/抓网。

运动员靠近球击球或准备击球，不管是否击到球都是击球过程。

但是，队员身体触及标志杆以外的球网，不算犯规。（规则 9. 1. 3 的情况除外）

8. 过网击球犯规的判定

过网击球犯规包括过网击球和过网拦网犯规两种，规则虽规定拦网队员可以过网拦网，但必须在对方队员击球或完成进攻性击球后方可过网触球。

有以下几种判断的方法：

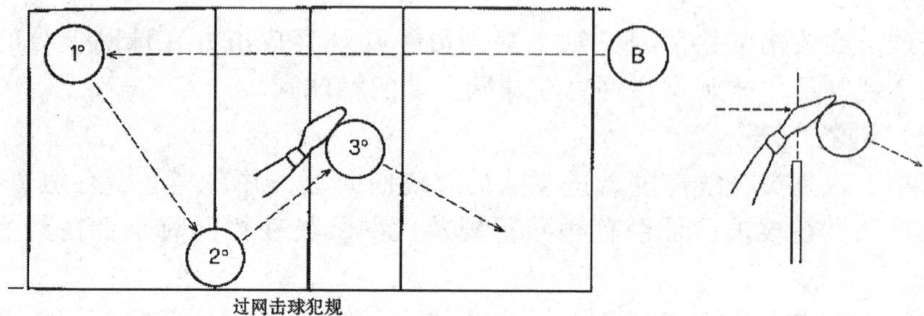

过网击球犯规

（1）当接发球飞向对区，第 1 裁判员身体应正对球网，观察球网上端的假想延长面，主要观察击球点的位置和球网的关系，注意球进入球网上空假想垂直面时，击球部分有多少在本方上空和击球动作及是否触网犯规。

（2）当接发球飞向球网时，第 1 裁判员应注意传球队员处理球向上或回传时，拦网队员是否过网拦网犯规。

（3）甲方队员完成进攻性击球后，乙方队员过网拦网的手改做攻击动作，应视为乙方过网击球犯规。

（4）当球飞向对区时，第 1 裁判员应判断该球是一般性传球还是攻击性击球，然后再判断是否可以过网拦网和双方击球时间的先后。

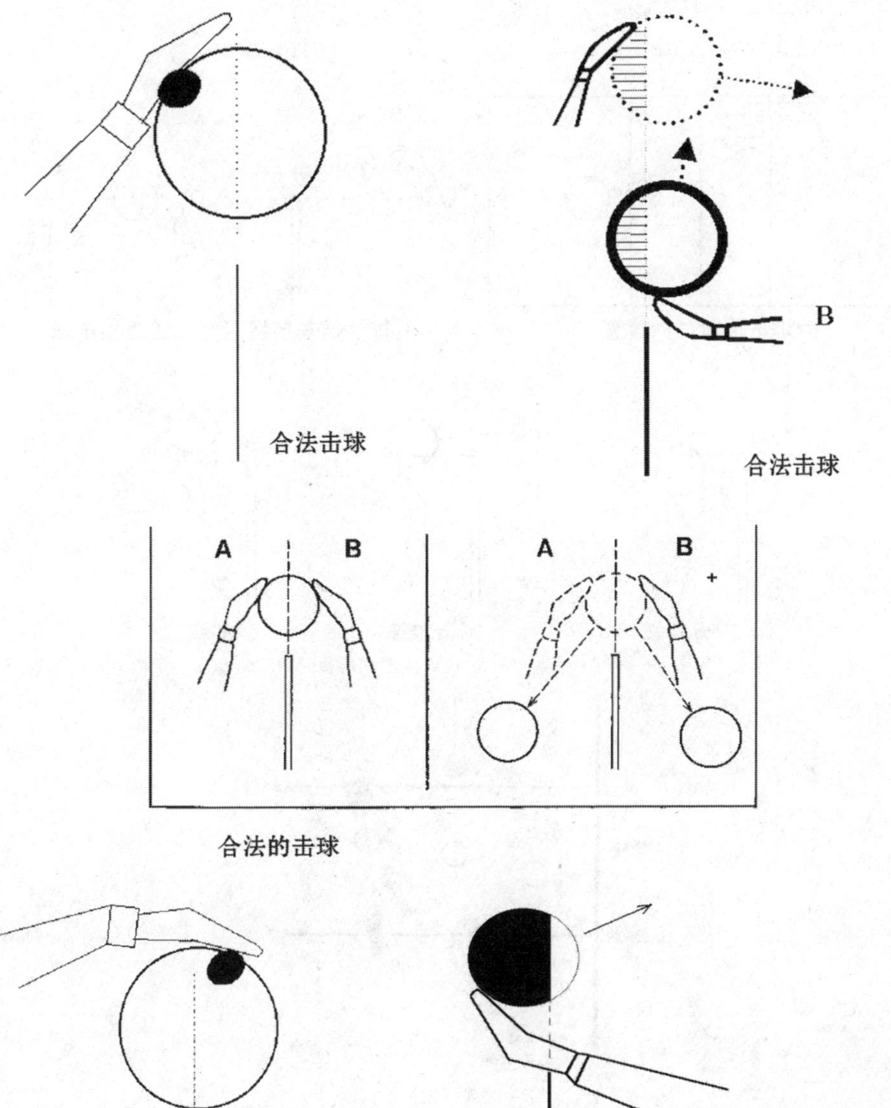

9. **后排违例**

（1）记住上场队员的位置。

（2）后排队员犯规的三点要素：

——踏及或越过进攻线；

——球完全高于球网；
——完成进攻性击球。

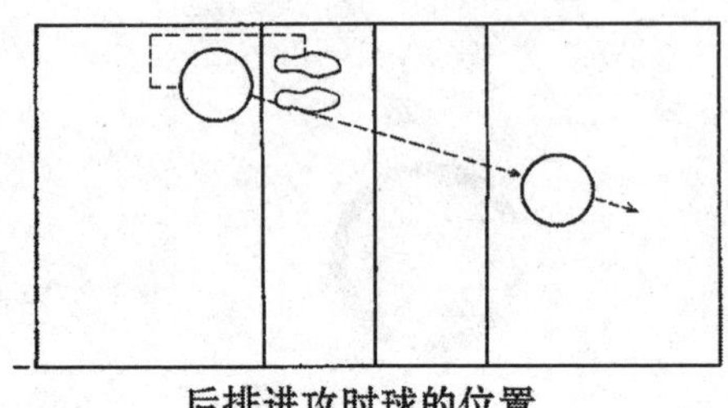
后排进攻时球的位置

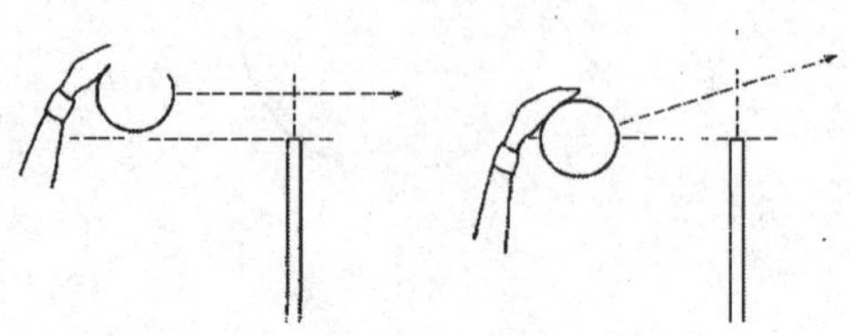
后排队员在前场区完成进攻性击球

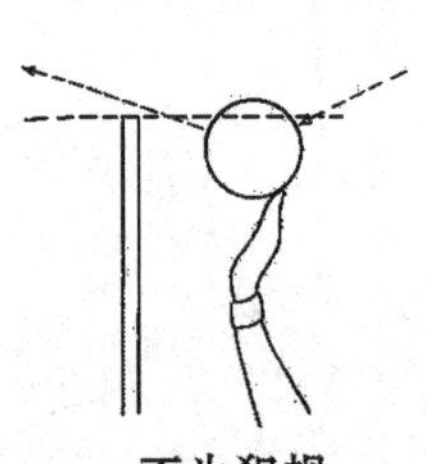
不为犯规

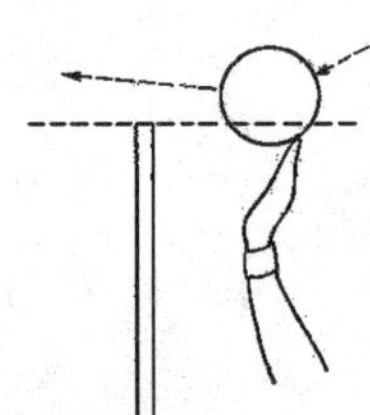
不为犯规

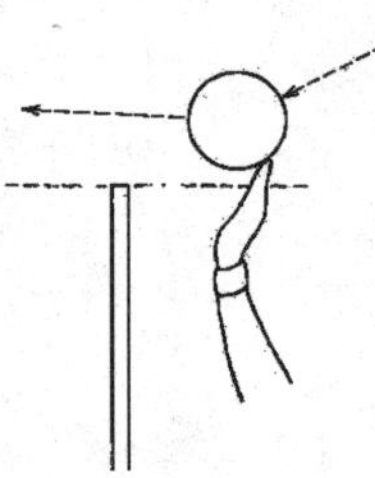
犯规

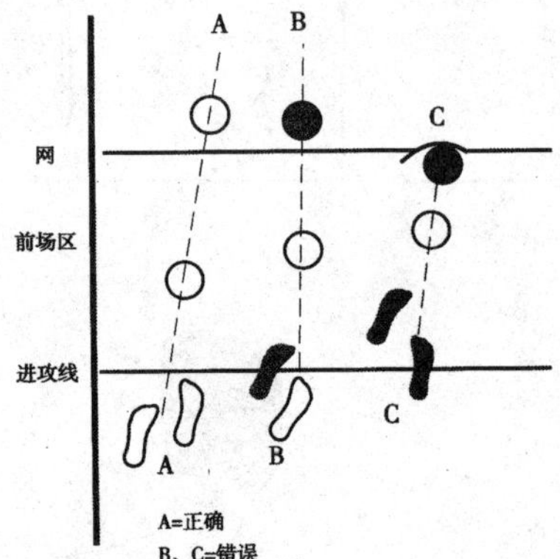

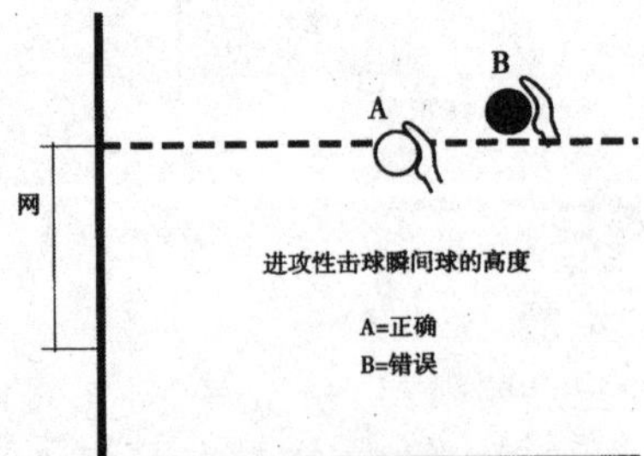

10. **拦网**

（1）拦网是队员靠近球网在高于球网处阻挡对方来球的行为，与触球点是否高于球网无关。只有前排运动员才允许完成拦网，但触球时一部分身体必须高于球网才算是拦网。

（2）允许拦网队员把手伸向对方场地空间进行拦网，但须符合下列条件：

——在对方第一或第二次击球后，球直接飞向拦网一方的场区；并且，

——没有对方队员在球网附近准备并可能击到此球。

这意味着如果有运动员在球附近准备击球，在对方的空间先于或同时与对方触球为过网击球犯规。

在对方第三次击球之后，可以过网拦网。

（3）未越过球网或平行于球网的球不能进行过网拦网，第三次击球后除外。

（4）如果拦网队员在对方空间改拦网动作为击球，则为犯规。

（5）规则条文“拦发球犯规”意为运动员完成了对发球的拦网。

（6）因为球可以触及身体的任何部位，拦网时，只要是一个动作，球就是触及脚也是拦网，不为犯规。

专题九：国际排联 2017—2020 排球竞赛规则修订

（2016 年代表大会通过）

2013—2016 旧版	2017—2020 新版
1. 比赛场地 1.1　面积 比赛场区为 18 米 ×9 米的长方形。其四周至少有 3 米宽的无障碍区。 比赛场区上空的无障碍空间从地面量起至少高 7 米，其间不得有任何障碍物。 国际排联、世界和正式比赛，比赛场区边线外的无障碍区至少宽 5 米，端线外至少宽 8 米。比赛场地上空的无障碍空间至少高 12.5 米。	1. 比赛场地 1.1　面积 比赛场区为 18 米 ×9 米的长方形。其四周至少有 3 米宽的无障碍区。 比赛场区上空的无障碍空间从地面量起至少高 7 米，其间不得有任何障碍物。 国际排联、世界和正式比赛，比赛场区边线外的无障碍区宽 5 米，端线外宽 6.5 米。比赛场地上空的无障碍空间至少高 12.5 米。（除了红色字处更改，删除了“至少”两个字）
1.3.3　中线 中线在网下连接两条边线的中点。中线的中心线将比赛场区分为长 9 米、宽 9 米的两个相等场区。	1.3.3　中线 中线在网下连接两条边线的中点。中线的宽度需平均分配，其中心线将比赛场区分为长 9 米、宽 9 米的两个相等场区。
2. 球网与网柱 2.2　构造 球网为黑色，宽 1 米，长 9.50 ~ 10 米（每边标志带外 25 ~ 50 厘米），网眼直径 10 厘米。	2. 球网与网柱 2.2　构造 球网为黑色，宽 1 米，长 9.50 ~ 10 米（每边标志带外 25 ~ 50 厘米），网眼直径 10 厘米。 国际排联、世界和正式比赛，可根据赛事市场开发协议中的广告需求调整网眼大小，在竞赛规程中具体说明。
2.5.1　…… 国际排联、世界和正式比赛，网柱应架设在边线外 1 米处。	2.5.1　…… 国际排联、世界和正式比赛，网柱应架设在边线外 1 米处，其外部必须进行柔软包裹。

2013—2016 旧版	2017—2020 新版
3.3　3 球制 国际排联、世界和正式比赛应采用 3 球制。设 6 名捡球员，无障碍区的 4 个角落各 1 人，第 1 裁判员、第 2 裁判员后面各 1 人。	3.3　5 球制 国际排联、世界和正式比赛采用 5 球制。设 6 名捡球员，无障碍区的 4 个角各 1 人，第 1 裁判员、第 2 裁判员后面各 1 人。
4. 比赛队 4.1　队的组成 4.1.1　一个队最多有 12 名成员，另加： -1 名教练员，最多两名助理教练员； -1 名理疗师和 1 名医生。 只有登记在表上队的成员才可以进入比赛控制区，参加赛前的正式准备活动和比赛。	4. 比赛队 4.1　队的组成 4.1.1.　一个队最多有 12 名成员，另加： -1 名教练员，最多两名助理教练员； -1 名理疗师和 1 名医生。 只有登记在记录表上的运动队成员才可进以入比赛控制区，参加赛前的正式准备活动和比赛。 国际排联、世界和正式的成年比赛： 一场比赛记录表中最多可登记 14 名运动员上场参赛。 经主教练指定，最多 5 人（包括主教练）可以坐在球队席上，这 5 人必须登记在记录表和 O2bis 表上。 领队和随队记者不允许坐在球队席或球队席后面的控制区。 在国际排联、世界和正式比赛中，理疗师和医生是队伍组成人员，而且需赛前通过国际排联注册。但是，在国际排联、世界和正式成年比赛中，如果理疗师和医生不属于坐在球队席的 5 人时，则必须坐在比赛控制区内隔离板附近，在裁判员示意允许其处理运动员场上突发伤病时，才能进入。理疗师（即使未坐在球队席）可以协助队伍进行热身活动，直至正式网前准备活动开始。 不同比赛的竞赛规程将体现在各自比赛技术手册之中。

2013—2016 旧版	2017—2020 新版
4.2　队的位置 4.2.4　两局比赛之间，队员可以在各自无障碍区用球做准备活动。	4.2　队的位置 4.2.4　两局比赛之间，队员可以在各自无障碍区用球做准备活动。在第 2 局、第 3 局之间的长局间（如使用），球员可以在本方场地用球做准备活动。
4.3.3 队员上衣必须有号码，序号为 1～20。	4.3.3 队员上衣必须有号码，序号为 1～20。 国际排联、世界和正式的成年比赛中，如允许报名人数较多、赛季较长的分阶段比赛，队员号码 1～20 容纳不下时可以向后顺延。
4.5　禁止佩戴的物品	4.5　禁止佩戴的物品 4.5.3　可以使用加压护具（带护垫的损伤防护器具）进行保护和支撑。 国际排联、世界和正式的成年比赛中，此类护具应与比赛服颜色一致。黑、白或其他素净色调被允许使用。
5.2.3.4　…… 国际排联、世界和正式比赛，教练员应在教练员限制线后履行职责。	5.2.3.4　…… 国际排联、世界和正式比赛，教练员在整个比赛中自始至终应在教练员限制线后履行职责。
6. 得 1 分、胜 1 局与胜 1 场 6.1.3　比赛过程和完整比赛过程 比赛过程是指从发球击球起至该球成死球止的比赛行为。完整比赛过程是造成了得分结果的比赛行为。	6. 得 1 分、胜 1 局与胜 1 场 6.1.3　比赛过程和完整比赛过程 比赛过程是指从发球击球起至该球成死球止的比赛行为。完整比赛过程是造成了得分结果的比赛行为。包括： –判罚得分 –发球超时犯规失掉发球权

2013—2016 旧版	2017—2020 新版
7. 比赛的组织 7.2　准备活动 7.2.1　在比赛开始前，如另有场地供比赛队进行活动，他们可以上网活动 6 分钟；如果没有，则活动 10 分钟。	7. 比赛的组织 7.2　准备活动 7.2.1　在比赛开始前，如另有场地专门供比赛队进行活动，他们可以上网活动 6 分钟；如果没有，则活动 10 分钟。 国际排联、世界和正式比赛，比赛队应共同上网活动 10 分钟。
7.3.2 每局比赛开始前，教练员应及时将开始阵容登记在位置表上，签字后交给第 2 裁判员或记录员。	7.3.2 每局比赛开始前，教练员应及时将开始阵容登记在位置表上，签字后交给第 2 裁判员或记录员——或用电子方式直接发送到电子记录表中。
7.3.5.3　如果教练员要保持未登记的队员在场上，他必须请求正常的换人，并登记在记录表上。	7.3.5.3　如果教练员要保持未登记的队员在场上，他必须以相应手势请求正常换人，并登记在记录表上。
7.3.5.4　一个没有在记录表上登记的队员在比赛中被发现，对方所得分数保留的同时得 1 分并得发球权，该队将失去发现之前所得的比分和/或局数（0: 25，如果必要），同时必须……	7.3.5.4　一个没有在记录表上登记的队员在比赛中被发现，对方所得分数保留的同时得 1 分并得发球权，该队将失去该队员上场后的所有比分和/或局数（0: 25，如果必要），同时必须……
7.7　轮转错误 7.7.1　没有按照轮转次序进行发球为轮转错误，应做如下处理：	7.7　轮转错误 7.7.1　没有按照轮转次序进行发球为轮转错误，应依照顺序做如下处理： 7.7.1.1　记录员按下蜂鸣器停止比赛，对方得分和发球权； 如果因为轮转次序错误造成比赛过程中止，不管当时比赛状况如何，对方只能从这个比赛过程中得到 1 分。

2013—2016 旧版	2017—2020 新版
8. 比赛的状态 8.3　界内球 球触及比赛场区的地面包括界线为界内球。	8. 比赛的状态 8.3　界内球 任何时间球的任何部分触及比赛场区地面包括界线为界内球。
9. 击球 比赛队必须在其本场区及空间内击球（规则10.1.2除外），但可以越出无障碍区救球。	9. 击球 比赛队必须在其本场区及空间内击球（规则10.1.2除外），但可以越出本方的无障碍区救球。
10.1.3　球从网下飞向对方场区时，球的整体越过网下垂直平面前，可以将球击回。	10.1.3　球从网下飞向对方场区时，球的整体越过网下垂直平面之前比赛继续进行。
11. 球网附近的队员 11.3　触网 11.3.1　队员触网不是犯规，但干扰比赛的情况除外。	11. 球网附近的队员 11.3　触网 11.3.1　击球行为触及标志杆以内球网部分为犯规。 击球行为包括（但不限于）起跳、击球（或试图击球）、落地后站稳并准备下一个动作。
11.4　队员在球网附近的犯规 11.4.4　队员干扰对方比赛有下列情况（不仅如下）： –　击球时触及球网上沿的帆布带或球网以上的80厘米标志杆； –　或击球时借助球网的支持； –　或造成了对本方有利； –　或妨碍了对方合法的击球试图。	11.4　队员在球网附近的犯规 11.4.4　队员干扰比赛有下列情况（但不限于）： –　击球行为触及标志杆及标志杆以内球网任何部分； –　利用球网进行支撑或稳定身体； –　造成了对本方不公正地有利； –　妨碍了对方合法的击球试图； –　拉网/抓网。 任何运动员靠近球击球或准备击球，不管他/她是否击到球都是击球行为。 但是，队员身体触及标志杆以外的球网，不算犯规（9.1.3除外）。

2013—2016 旧版	2017—2020 新版
12.5.2 发球时，发球队的队员个人或集体挥臂、跳跃或移动，或集体密集站立遮挡了发球和球的飞行路线，则构成发球掩护。	12.5.2 发球击球直至球飞过球网垂直面的过程中，发球队的队员个人或集体挥臂、跳跃或移动，或集体密集站立遮挡了发球和球的飞行路线，则构成发球掩护。
15. 间断 15.1 合法比赛间断的次数 每局比赛中，每队最多可以请求两次暂停和6人次换人。	15. 间断 15.1 合法比赛间断的次数 每局比赛中，每队最多可以请求两次暂停和6人次换人。 国际排联、世界和正式的成年比赛，可以根据赞助、市场和转播协议，减少一次暂停或技术暂停。
15.2.3 同一队再次请求换人必须经过一次完整的比赛过程。	15.2.3 同一队再次请求换人必须经过一次完整的比赛过程（例外：因伤或被判罚出场/取消比赛资格的被迫替换15.5.2、15.7、15.8）。
15.10.3c …… 国际排联、世界和正式比赛中，队员换人时须使用换人牌。	15.10.3c …… 国际排联、世界和正式比赛中，队员换人时须使用换人牌（包括电子换人屏使用时）。
19 自由防守队员 19.1 自由防守队员的指定 19.1.1 每支球队有权在记录表上登记的队员名单中指定最多两名特殊防守队员：自由防守队员。	19 自由防守队员 19.1 自由防守队员的指定 19.1.1 每支球队有权在记录表上登记的队员名单中指定最多两名特殊防守队员：自由防守队员。 国际排联、世界和正式的成年比赛中，如果记录表中登记的队员人数超过12人，则名单中必须有2名自由防守队员。
19.2	国际排联、世界和正式的成年比赛，如果替换自由人，在保留自己号码的前提下，服装式样和颜色尽可能和原来的自由人一致。

2013—2016 旧版	2017—2020 新版
19.3.2.6　导致比赛中断的替换延误将立即受到延误处罚，由延误处罚的等级决定发球权。	19.3.2.6　对再次发生的延误替换应立即中断比赛，给予延误处罚，由延误处罚的等级决定发球权。
19.4.2.1　比赛队只有1名自由防守队员，当出现19.4.1所述状况或虽然登记但宣布不能比赛时，教练员（教练员不在场时，由场上队长）可以指定1名不在场上的队员（替换上过场的队员除外）进行特殊替换为新自由防守队员。	19.4.2.1　比赛队只有1名自由防守队员，当出现19.4.1所述状况或虽然登记但宣布不能比赛时，教练员（教练员不在场时由场上队长）可以重新指定1名不在场上的队员（被自由防守队员替换的原场上队员除外）为新自由防守队员。
19.4.2.2　如果场上自由防守队员宣布不能继续比赛时，可由原队员替换上场，或立即进行特殊自由防守队员替换。然而，自由防守队员经过特殊替换不能回到比赛。 自由防守队员不在场上但宣布不能比赛时，仍可经过特殊替换上场，但再次宣布不能比赛时，则不能参加后续的比赛。	19.4.2.2　如果场上自由防守队员宣布不能继续比赛时，可由原队员替换上场，或立即进行重新指定自由防守队员进行替换。然而，原自由防守队员不能继续进行比赛。 自由防守队员不在场上但宣布不能比赛时，也可重新指定自由防守队员，经宣布不能比赛的原自由防守队员不能参加后续的比赛。
22.2.3.1　如果是第1裁判员判断的犯规，他/她要按顺序指出： a）应发球的队； b）犯规的性质； c）犯规的队员（必要时）。 第2裁判员随同第1裁判员手势	22.2.3.1　如果是第1裁判员判断的犯规，他/她要按顺序指出： a）应发球的队； b）犯规的性质； c）犯规的队员（必要时）。
22.2.3.4　如果是双方犯规，他们都要按顺序指出： a）犯规的性质； b）犯规的队员（必要时）； c）应发球的队（随同第1裁判员）	22.2.3.4　如果是双方犯规，他们都要按顺序指出： a）犯规的性质； b）犯规的队员（必要时）； 应发球的队由第1裁判员示意。

2013—2016 旧版	2017—2020 新版
23.3.2　a—g)	23.3.2　a—g）…… h）球的整体或部分从他/她一侧过网区以外进入对方场地或触及了标志杆。 i）发球或者第三次击球，球从他/她一侧的标志杆上或外通过。
23.3.2.8	23.3.2.8　发球或者第三次击球，球从他/她一侧的标志杆上或外通过。
25.2.1.2 根据位置表登记各队的开始阵容。	25.2.1.2 根据位置表登记各队的开始阵容（或者检查电子系统提供的数据）。
26.2.3.2 国际排联、世界和正式比赛使用电子记录表，助理记录员协助记录员进行普通替换和自由防守队员替换。	26.2.3.2 国际排联、世界和正式比赛使用电子记录表，辅助记录员此时担任换人时的比分宣告、通知第2裁判员运动队比赛间断的请求，以及鉴别自由防守队员的替换。
第三部分　定义	
捡球员： 捡球员在比赛成死球时，捡球供给发球队员，保证比赛流畅进行。	捡球员和擦地员： 捡球员在比赛成死球时，捡球供给发球队员，保证比赛流畅进行。 擦地员的职责是时刻保证比赛场地的整洁和干燥。擦地员在比赛前、局间和任何需要的死球期间进行地面擦拭。
重新指定： 当自由防守队员或其他队员不能继续比赛时，可以由任何一名未在场上的队员替代（已经正常替换过的队员除外）。	重新指定： 当自由防守队员被他的球队宣布不能继续比赛时，可以由任何一名未在场上的队员替代（被自由防守队员替换过的原场上队员除外）。

2013—2016 旧版	2017—2020 新版
	O2bis 表： 国际排联填写运动员和球队官员的正式表格，此表格要在赛前运动队资格审查时进行提交。

附录一：排球比赛场区

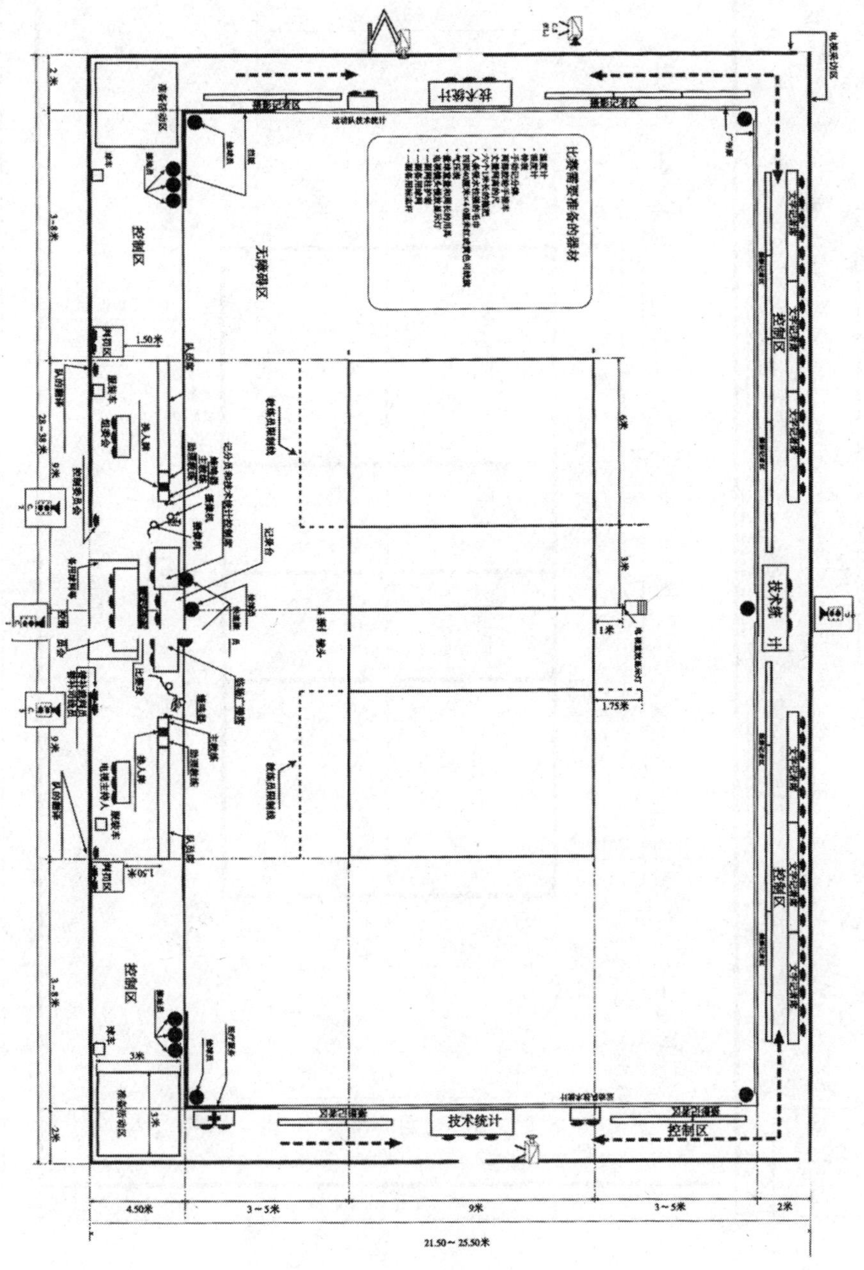

图 1a 场地全图

准备活动区域
3 x 3 m
1.50 m
判罚区域
1x1m
球队席
记录台
球队席
1.50 m
3 x 3 m
准备活动区域
无障碍区
自由人替换区
换人区
自由人替换区
1.75 m
min. 3 m (5 m)
无障碍区
9 m
发球区
min. 3 m (6.50 m)
后场区
场地
前场区
场地
前场区
比赛
后场区
场地
min. 3 m (6.50 m)
9 m
发球区
min. 3 m (5 m)
0.50 m-1 m
A
1.75 m
无障碍区
min. 24 m (31 m)
min. 15 m (19 m)

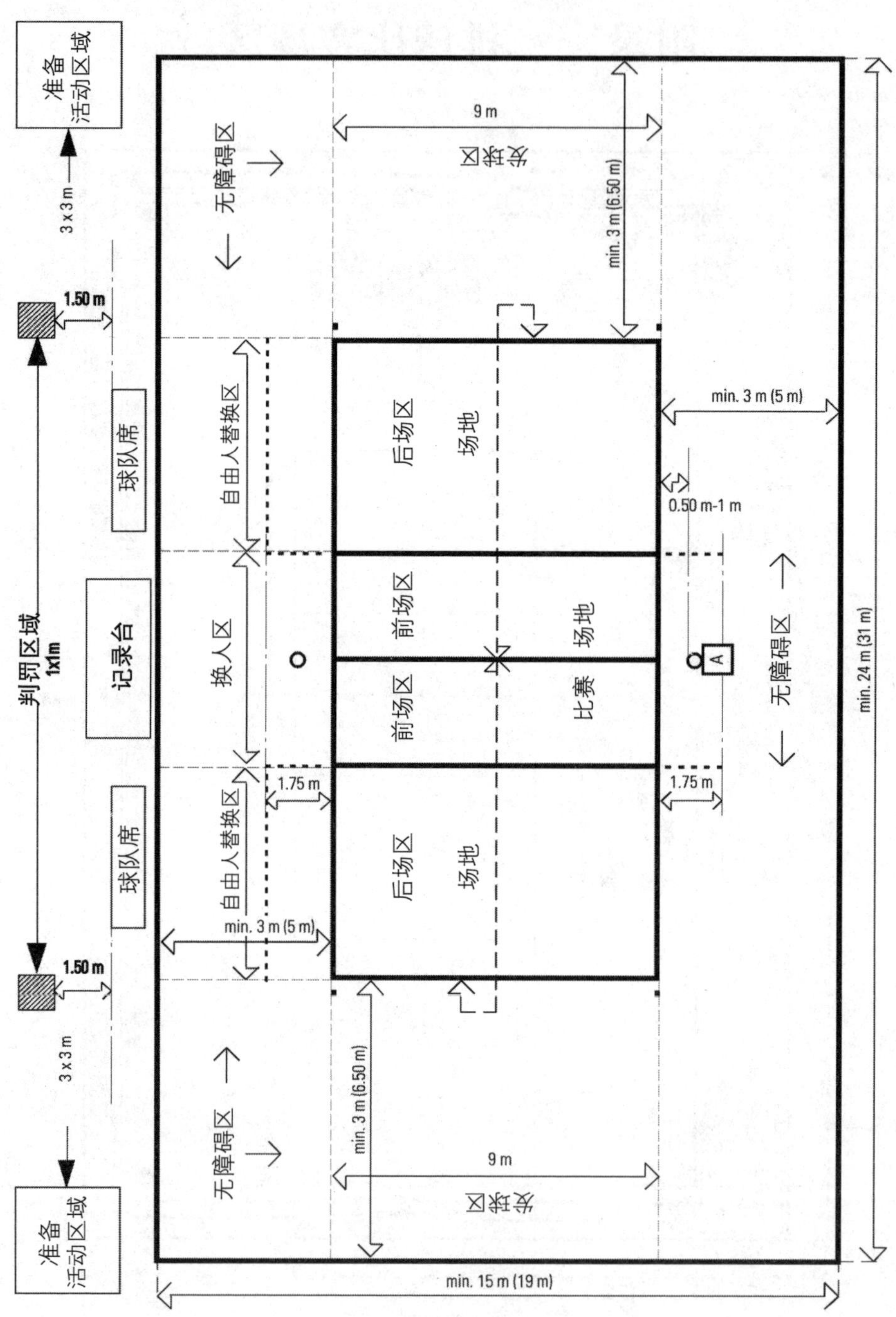

图 1b 比赛场地

9 m
端线
后场区
0.15 m
0.20 m
0.05 m
1.75 m
进攻线
教练员限制线
9 m
1,75 m
3 m
前场区
中线
18 m
如何丈量前场区
中线的中轴线
进攻线的后沿
边线
共17条短线
每条长15厘米，间隔20厘米
发球区和线

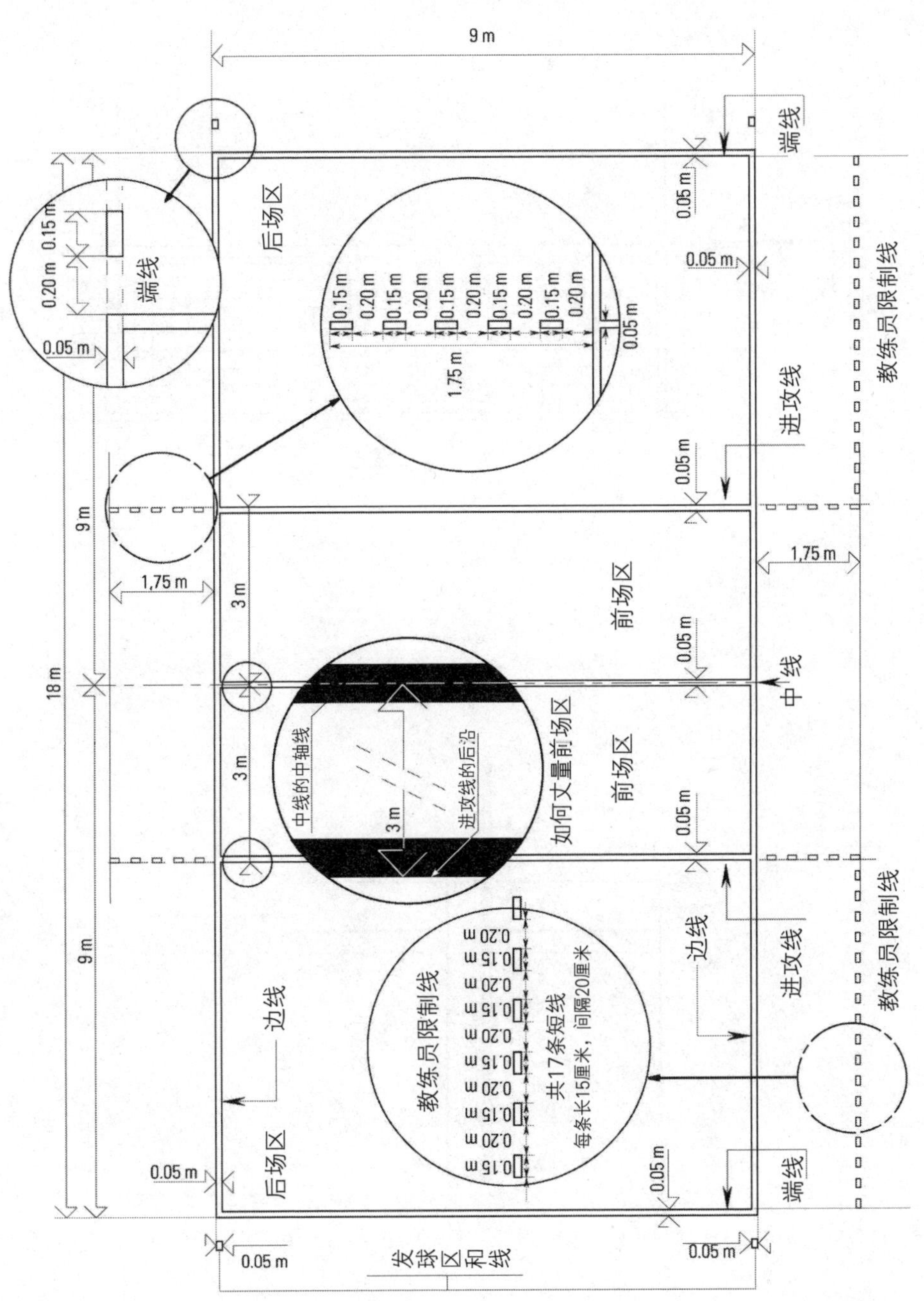

图 2 比赛场地

0.80 m
9 m
钢丝绳
线绳
1 m
2.55 m
男子 2.43m
女子 2.24m
0.07 m
0.05 m
线绳
9.50 - 10 m
0.50 m / 1 m
中心线
0.01 m
0.10 m
帆布带
钢丝绳
0.07 m
线绳
0.10
x
0.10 m
标志带
0.05 m

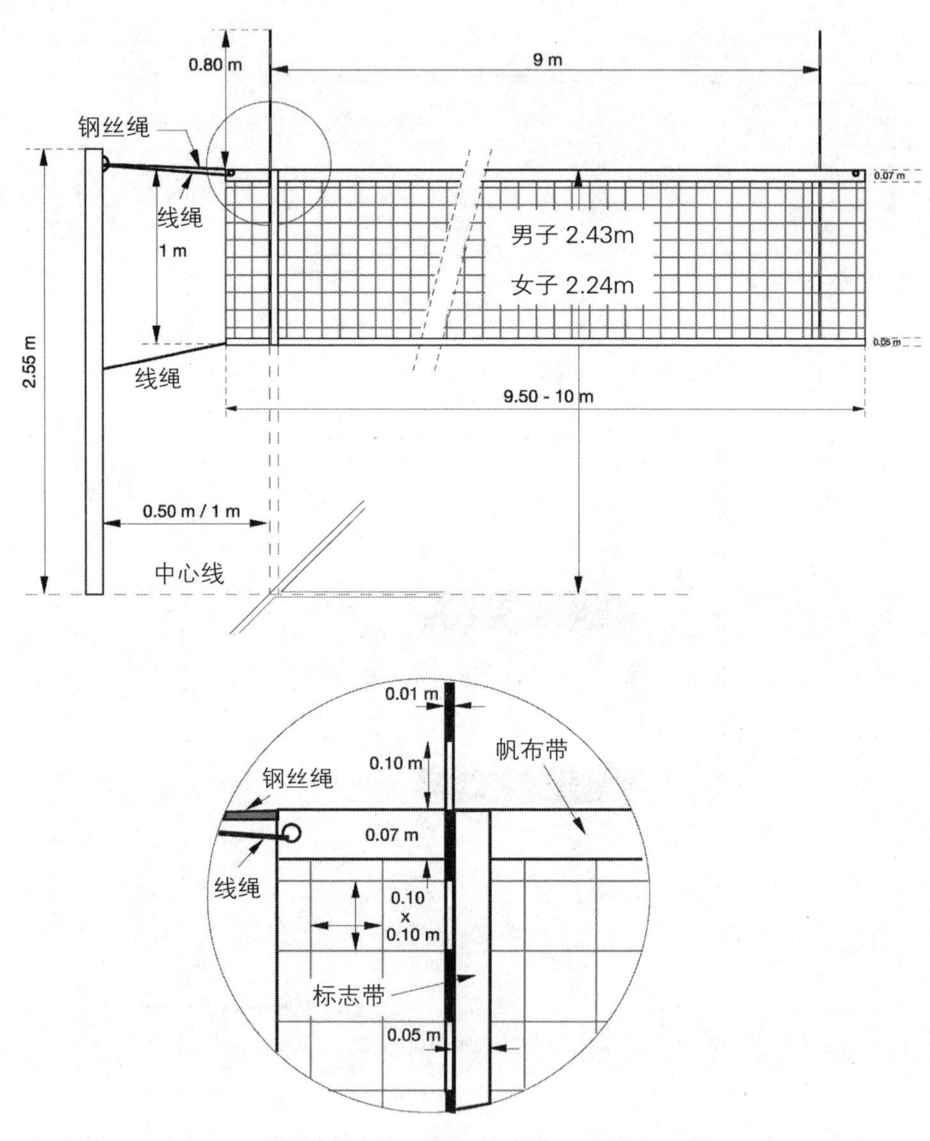

图 3 球网的规格

例A: 前排队员与相应的后排队员位置关系

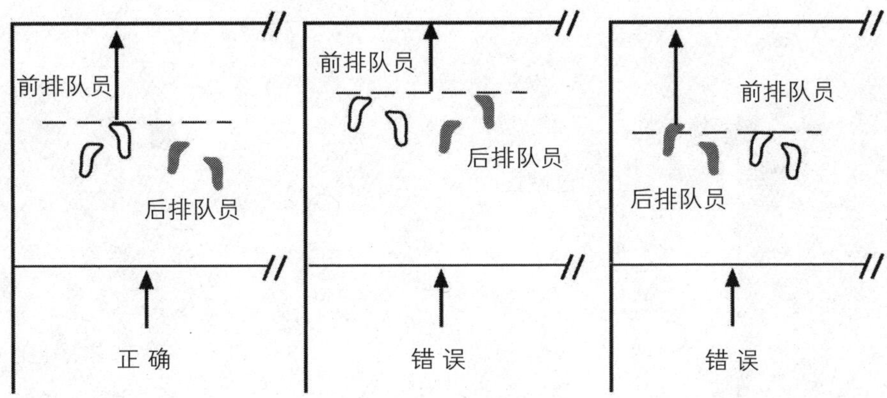

例B: 同排队员位置关系

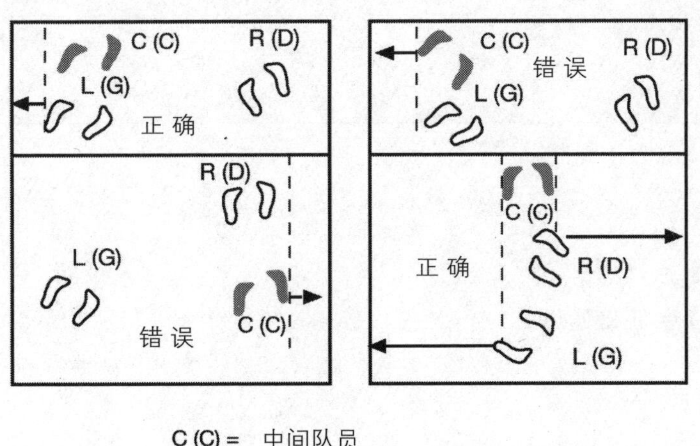

C (C) = 中间队员
R (D) = 右边队员
L (G) = 左边队员

图 4 队员的位置

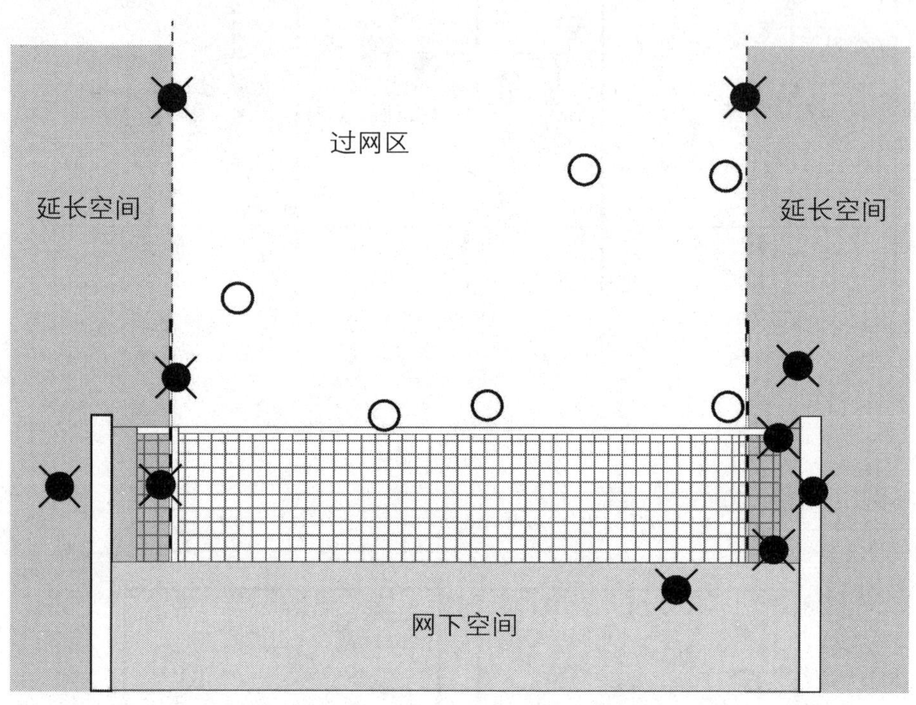

= 犯规

= 正确通过

图 5a 球通过球网垂直平面进入对方场区

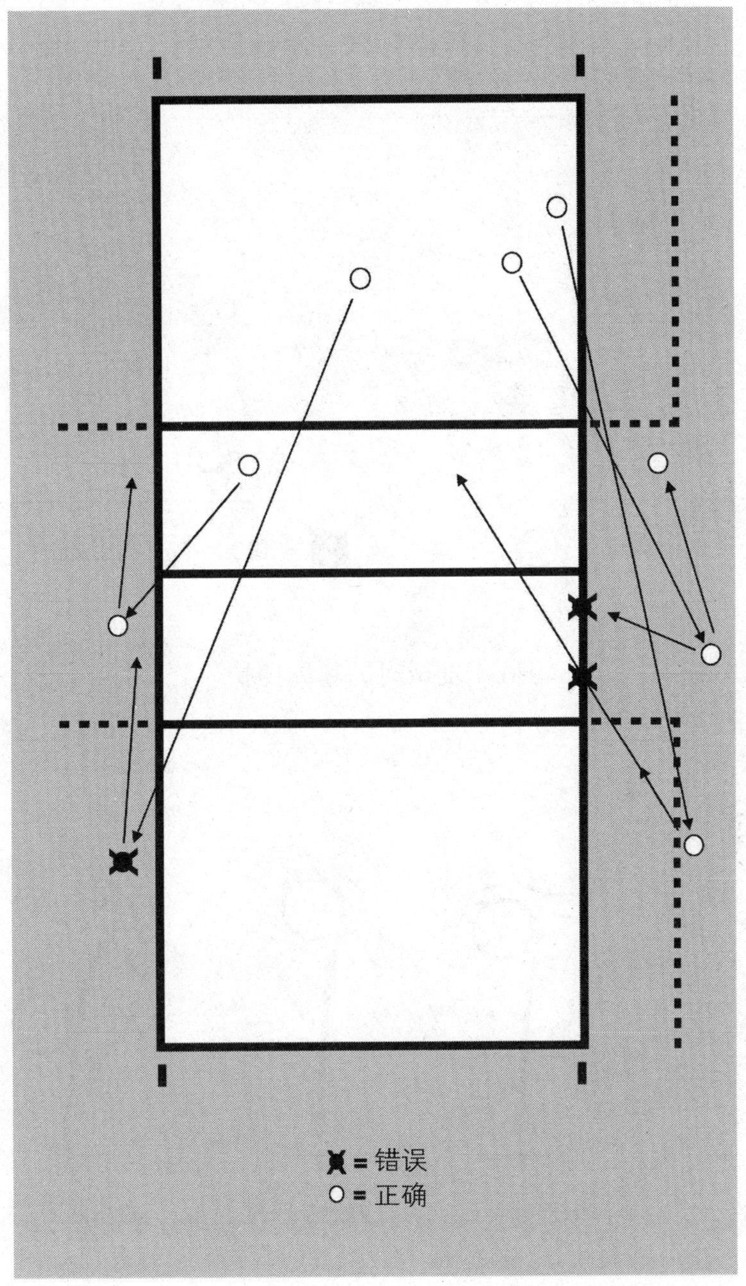

图 5b 球通过球网垂直平面进入对方无障碍区

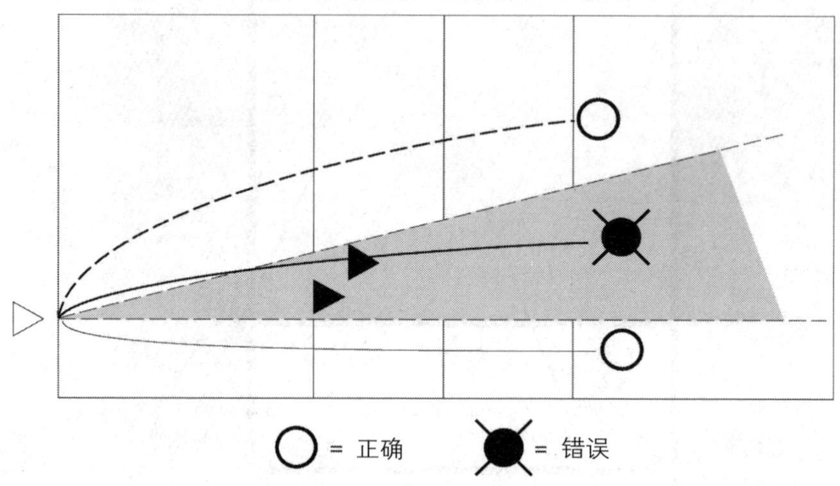

图6 发球时的集体掩护

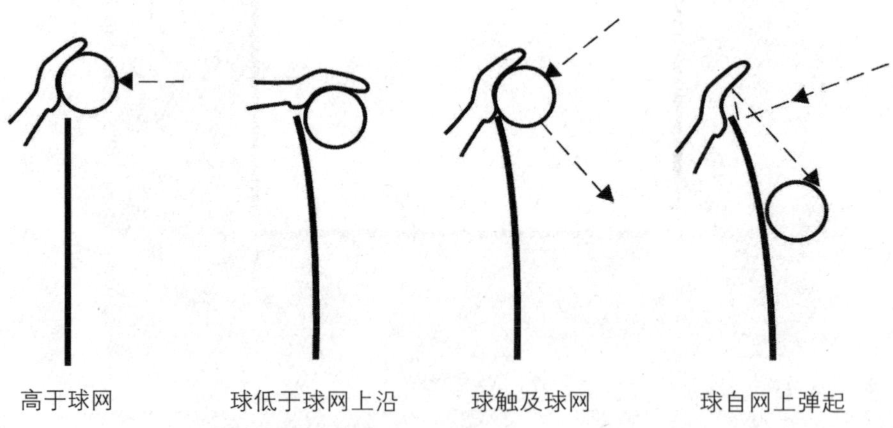

图7 完成拦网

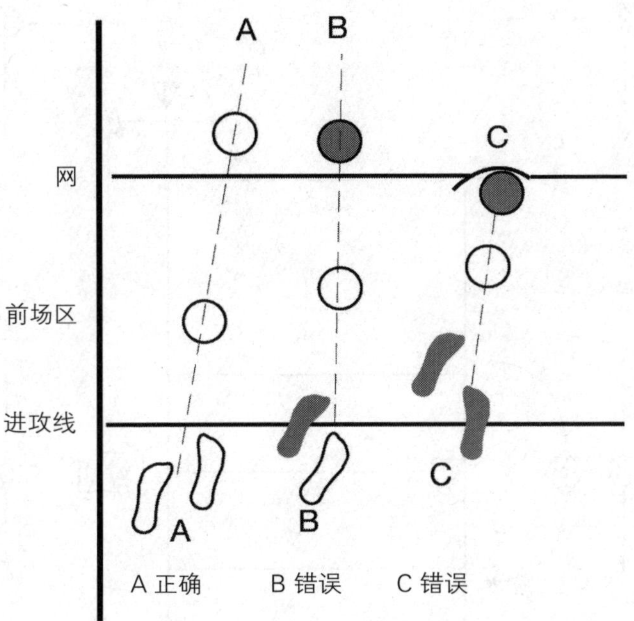

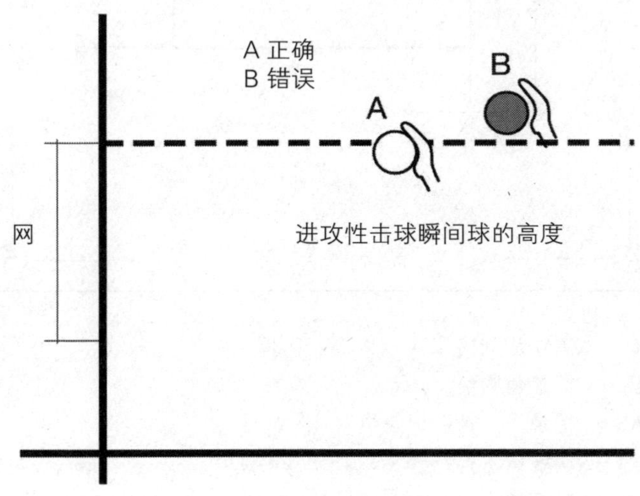

图 8　后排队员进攻性击球

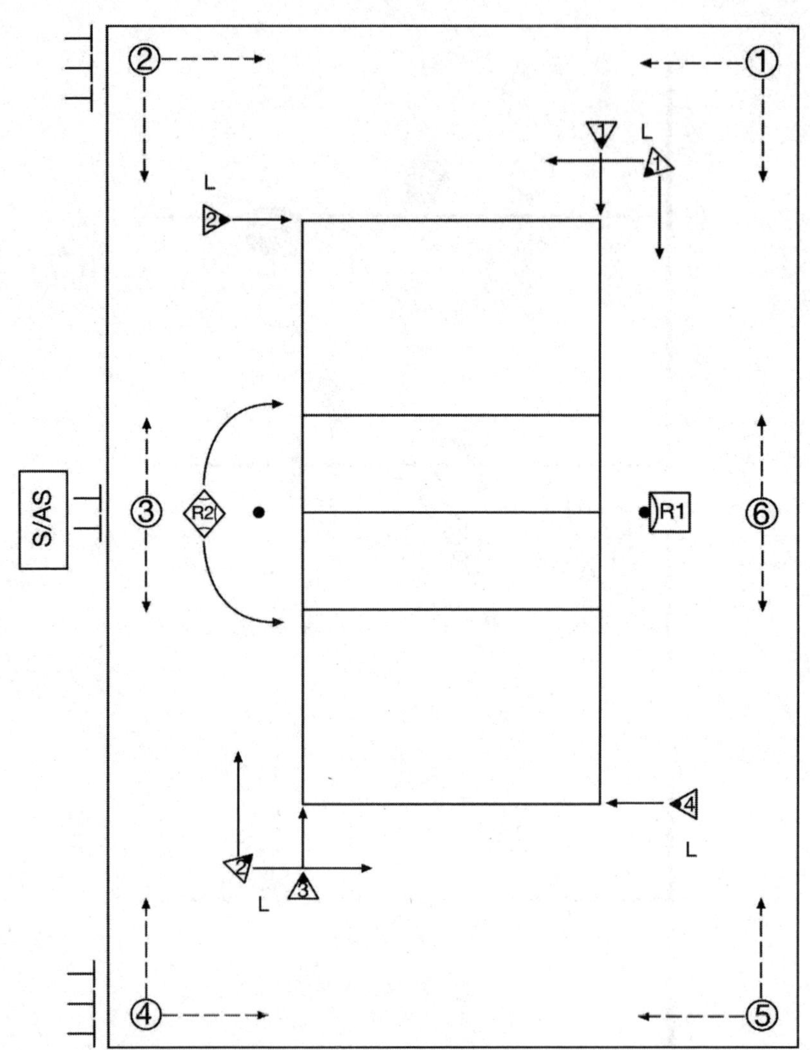

R1 = 第 1 裁判员

R2 = 第 2 裁判员

S/AS = 记录员 / 辅助记录员

2 = 司线员（1号—4号或1号—2号）

④ = 捡球员（1号—6号）

⊣ = 擦地员

图 9 裁判员与辅助人员位置

不良行为处罚等级表

种类	发生次数	违反者	处罚	牌	结果
轻微的不良行为	阶段1	任一成员	不进行处罚	无	防止
	阶段2			黄	
	重复多次		判罚	如下	如下
粗鲁行为	第 1 次	任一成员	判罚	红	失一球由对方发球
	第 2 次	同一成员	判罚出场	单手红+黄	该局比赛离开比赛场地坐在判罚区域内
	第 3 次	同一成员	取消比赛资格	双手分持红+黄	该场比赛离开比赛控制区域
冒犯行为	第 1 次	任一成员	判罚出场	单手红+黄	该局比赛离开比赛场地坐在判罚区域内
	第 2 次	同一成员	取消比赛资格	双手分持红+黄	该场比赛离开比赛控制区域
侵犯行为	第 1 次	任一成员	取消比赛资格	双手分持红+黄	该场比赛离开比赛控制区域

延误处罚等级表

种类	发生次数	违反者	处罚	牌	结果
延误	第 1 次	同队的任一成员	延误警告	手势25 黄牌	不予判罚，防止重犯
	第 2 次（及其后的）	同队的任一成员	延误判罚	手势25 红牌	对方得1分并发球

附录二：排球裁判员手势

1　允许发球

挥动手臂，指出发球方向

出示手势者：第 1 裁判员

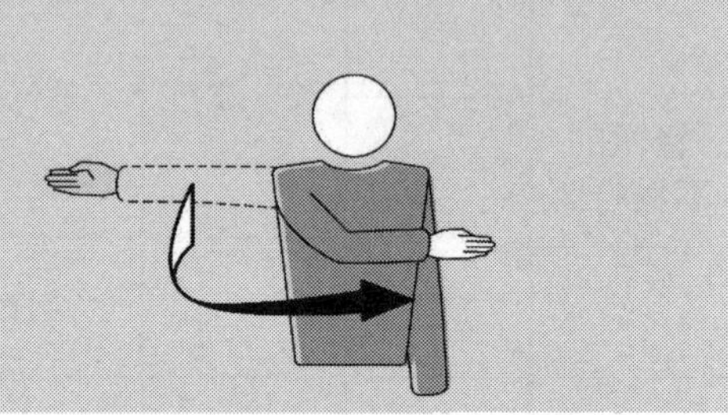

规则：12.3，22.2.1.1

2　发球队

平举与发球队同侧的手臂

出示手势者：第 1 裁判员、第 2 裁判员

规则：22.2.3.1，22.2.3.2，22.2.3.4

3　交换场地

两臂屈肘，在身体前后绕转

出示手势者：第 1 裁判员、第 2 裁判员

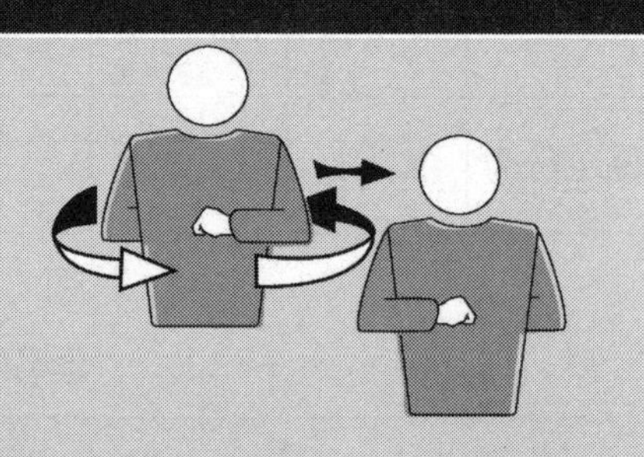

规则：18.2

4　暂停

一臂屈肘抬起，手指向上，另一手掌放在该手指尖上，然后指明请求的球队

出示手势者：第 1 裁判员、第 2 裁判员

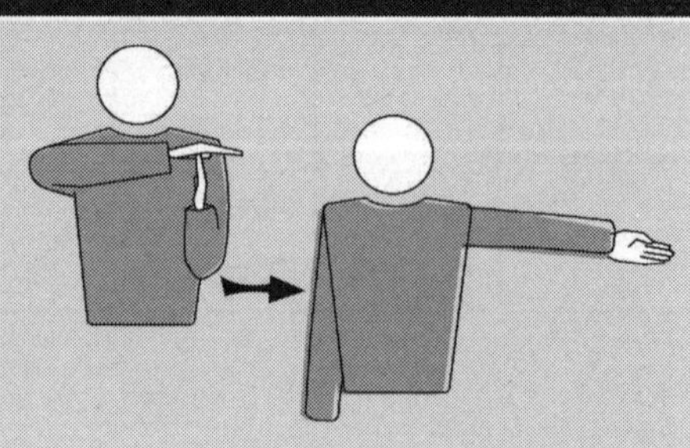

规则：15.4.1

5 换人

两臂屈肘在胸前绕环

出示手势者：第 1 裁判员、第 2 裁判员

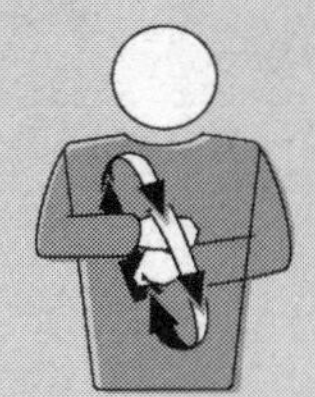

规则：15.5.1，15.5.2，15.8

6a 轻微不良行为的警告

一手持黄牌举起

出示手势者：第 1 裁判员

规则：21.1，21.6

6b 不良行为的判罚

一手持红牌举起

出示手势者：第 1 裁判员

规则：21.3.1，21.6，23.3.2.2

7 判罚出场

一手持红牌和黄牌举起

出示手势者：第 1 裁判员

规则：21.3.2，21.6，23.3.2.2

8 取消比赛资格

两手分别持红牌、黄牌举起

出示手势者：第 1 裁判员

规则：21.3.3，21.6，23.3.2.2

9 一局（场）比赛结束

两臂在胸前交叉，手伸开，掌心向内

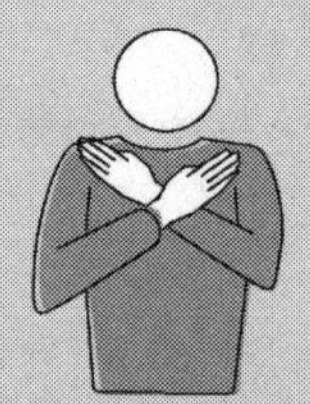

出示手势者：第 1 裁判员、第 2 裁判员

规则：6.2，6.3

10 发球时未抛起

一臂慢慢举起，掌心向上

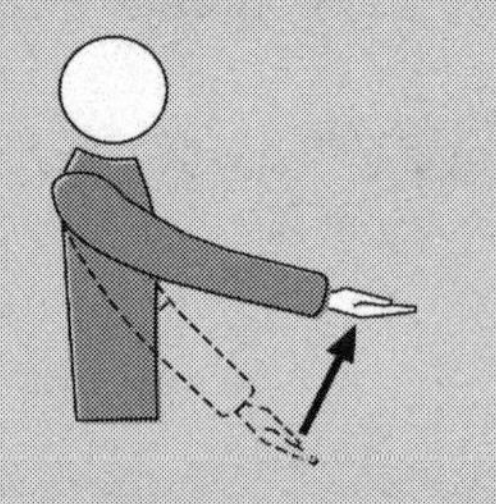

出示手势者：第 1 裁判员

规则：12.4.1

11 发球延误

举起 8 个手指并分开，掌心向前

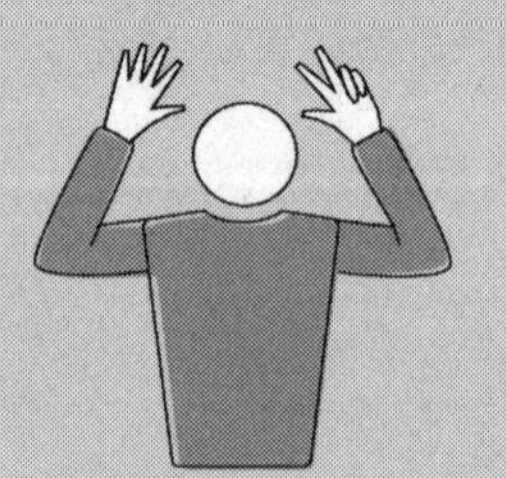

出示手势者：第 1 裁判员

规则：12.4.4

12 发球掩护或拦网犯规

两臂上举，掌心向前

出示手势者：第 1 裁判员、第 2 裁判员

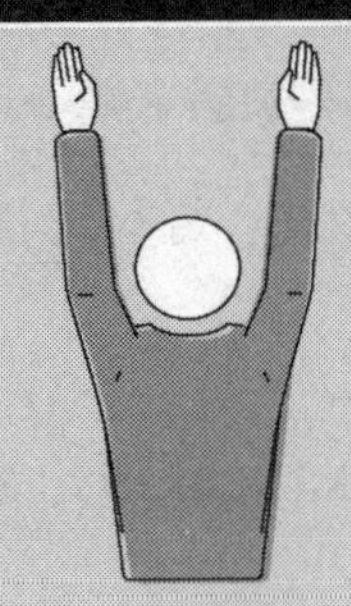

规则：12.5，12.6.2.3，14.6.3，19.3.1.3，
23.3.2.3a，23.3.2.3g，24.3.2.4

13 位置或轮换错误

一手食指在体前水平环绕

出示手势者：第 1 裁判员、第 2 裁判员

规则：7.5，7.7，23.3.2.3a，24.3.2.2

14 界内球

手臂和手指向地面

出示手势者：第 1 裁判员、第 2 裁判员

规则：8.3

15 界外球

两臂屈肘上举，掌心向后

出示手势者：第 1 裁判员、第 2 裁判员

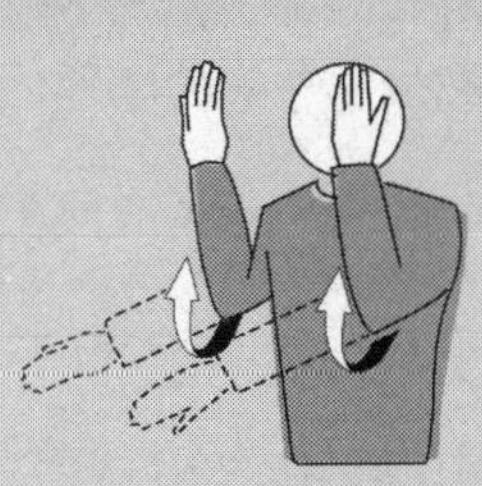

规则：8.4.1，8.4.2，8.4.3，8.4.4，
24.3.2.5，24.3.2.7

16 持球

屈肘慢举前臂，掌心向上

出示手势者：第 1 裁判员

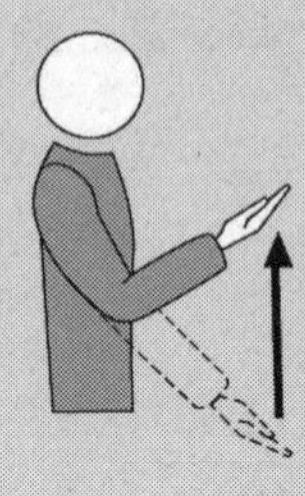

规则：9.2.2，9.3.3，23.3.2.3b

17 连击

竖起两个手指并分开，掌心向前

出示手势者：第 1 裁判员

规则：9.3.4，23.3.2.3b

18 4 次持球

竖起 4 个手指并分开，掌心向前

出示手势者：第 1 裁判员、第 2 裁判员

规则：9.3.1，23.3.2.3b

19 队员触网和发球没有过网

一手触犯规队一侧的球网

出示手势者：第 1 裁判员、第 2 裁判员

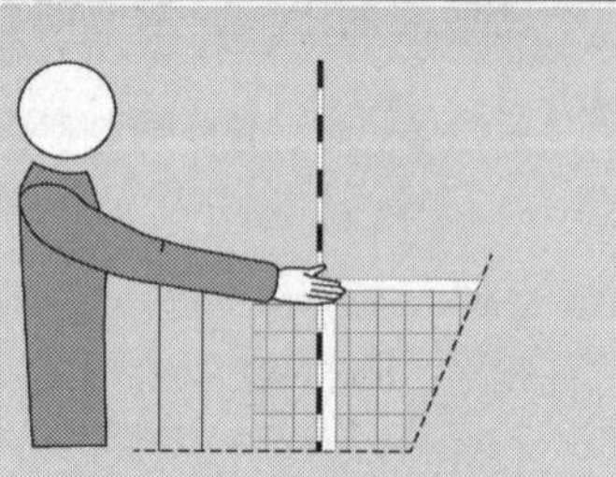

规则：11.4.4，12.6.2.1

20 过网犯规

前臂置于球网上空，掌心向下

出示手势者：第 1 裁判员

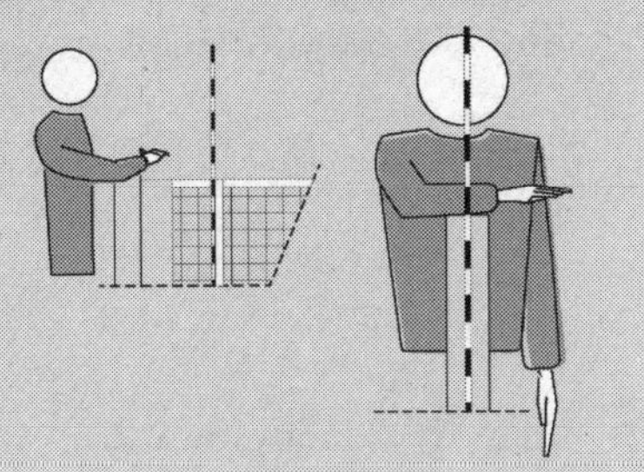

规则：11.4.1，13.3.1，14.3，14.6.1，
23.3.2.3c

21 进攻性击球犯规

一臂上举，前臂后下摆动

出示手势者：第 1 裁判员、第 2 裁判员

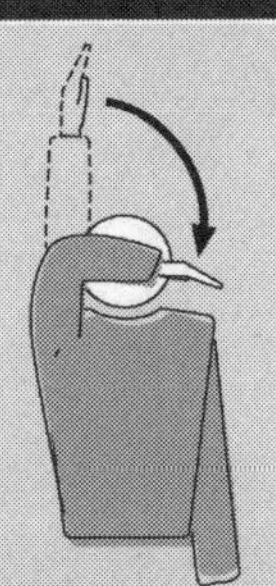

规则：
——对后排队员、自由防守队员或对方发球
13.3.3，13.3.4，13.3.5，23.3.2.3d、e，24.3.2.4
——对自由防守队员在前场区及其延长部分的上手传球
13.3.6

22 进入对方场区 或 球从网下通过 或 发球时脚的犯规 或 发球一刻队员不在场区之内

指向中线或相关的线

出示手势者：第 1 裁判员、第 2 裁判员

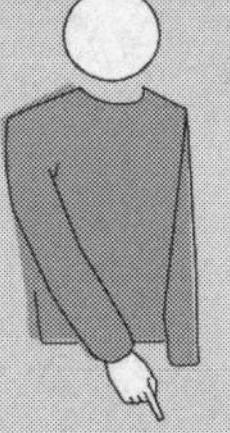

规则：8.4.5，11.2.2，12.4.3，23.3.2.3a，
23.3.2.3f，24.3.2.1

23 双方犯规和重新比赛

两臂屈肘，竖起拇指

出示手势者：第 1 裁判员

规则：6.1.2.2，17.2，22.2.3.4

24 触手出界

用一手掌摩擦另一屈肘上举的指尖

出示手势者：第 1 裁判员、第 2 裁判员

规则：23.3.2.3b，24.2.2

25 延误警告和判罚

两臂屈肘上举，一手掌心向后，另一手持黄牌（警告）或红牌（判罚）贴靠其腕部

出示手势者：第 1 裁判员

规则：15.11.3，16.2.2，16.2.3，23.3.2.2

附录三：排球司线员旗示

1 界内球

向下示旗

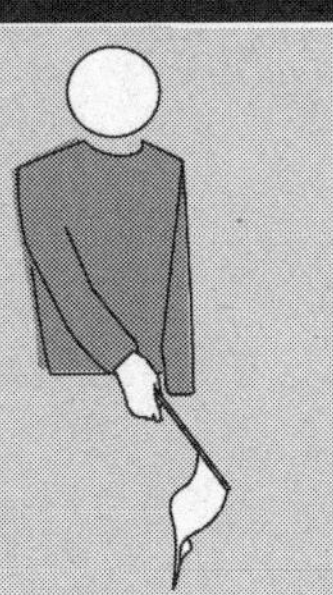

规则：8.3，27.2.1.1

2 界外球

向上示旗

规则：8.4.1，27.2.1.1

3 触手出界

一手举旗，另一手掌置于旗杆顶

规则：27.2.1.2

4 发球时脚的犯规或球通过球网时的犯规、球触及场外物体的犯规等

一手举旗绕环，另一手指标志杆、物体或相应的界线

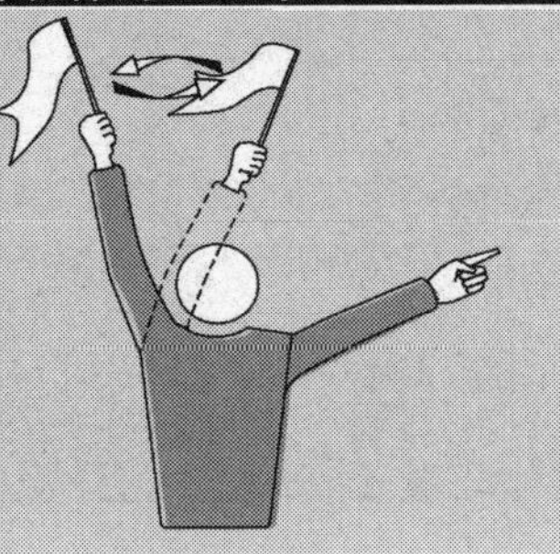

规则：8.4.2，8.4.3，8.4.4，12.4.3，
27.2.1.3，27.2.1.4，27.2.1.6，27.2.1.7

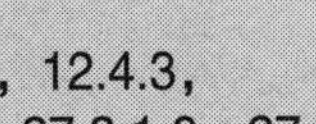

5 无法判断

两臂胸前交叉